פרסום

PHARM

Ranka Bijeljac, biologiste de formation, s'est orientée ultérieurement vers la neuropsychologie et la psycholinguistique. Elle est maître de conférences de psychologie cognitive et de psycholinguistique à l'Université de Poitiers. Elle a travaillé pendant de nombreuses années sur la perception de la parole chez le nourrisson. Sa recherche porte sur l'organisation du lexique mental chez les bilingues enfants et adultes.

Roland J. L. Breton a une triple formation de géographe, d'historien et de politologue. En raison de ses connaissances linguistiques variées, il s'est spécialisé dans la géolinguistique, en combinant une carrière d'enseignant et de chercheur. Il a publié une dizaine de livres, dont des atlas linguistiques (Inde, Cameroun...) et de nombreux articles. Nommé professeur émérite à Paris-VIII en 1994, il collabore aujourd'hui au projet Logosphère de l'Observatoire linguistique de Carmathen (pays de Galles).

Pour Nils

1er dépôt légal : septembre 1997
Dépôt légal : février 2005
Numéro d'édition : 124987
ISBN : 2-07-053268-2
Imprimé en France par IME

DU LANGAGE AUX LANGUES

Ranka Bijeljac et Roland Breton

DÉCOUVERTES GALLIMARD
SCIENCES ET TECHNIQUES

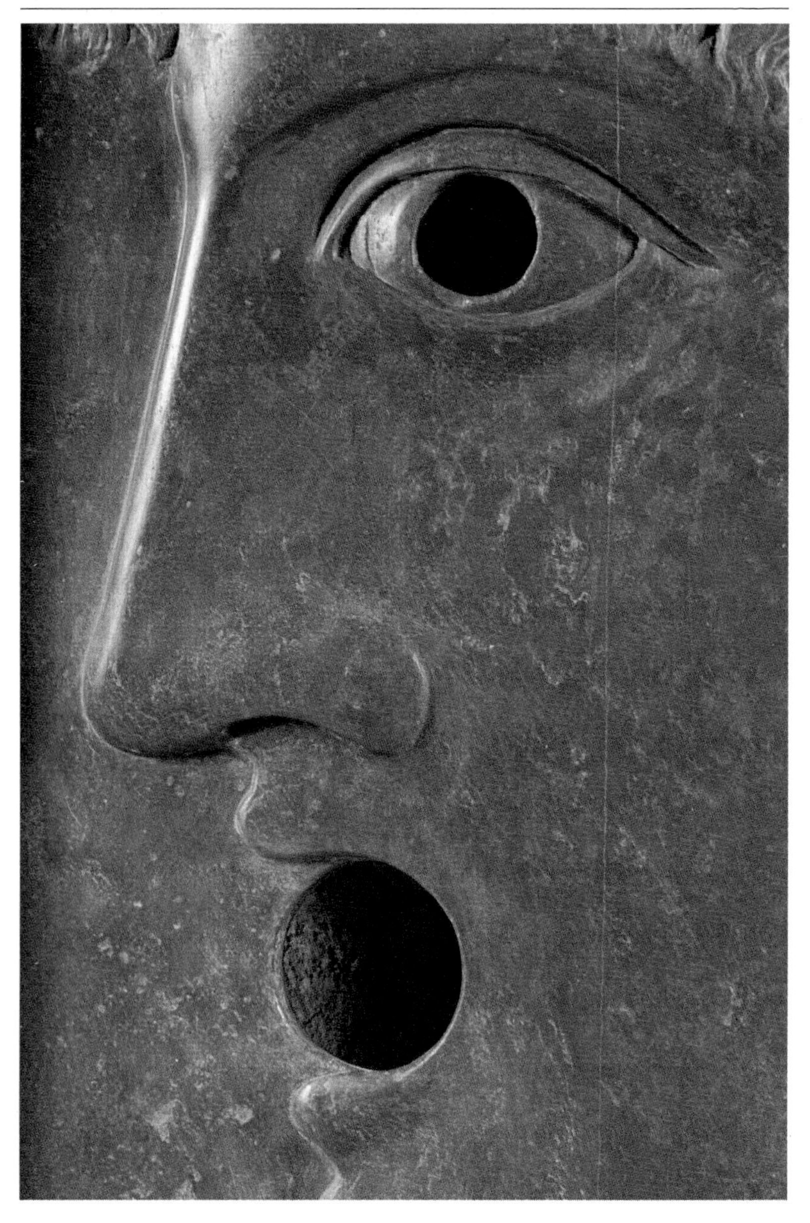

Le langage est une capacité cognitive unique dans le règne animal. Seul l'homme en est doté, et il acquiert sa langue maternelle naturellement sans instruction particulière, simplement au contact de celle-ci. Qu'elle soit parlée ou gestuelle, il en apprend les règles grâce à des mécanismes psychologiques et une structure cérébrale qui lui sont propres.

CHAPITRE PREMIER
LA SPÉCIFICITÉ DU LANGAGE HUMAIN

Cette ménade (à gauche), la bouche grande ouverte, évoque admirablement la parole. Une faculté, que malgré une similitude de comportements et de gestes avec les hommes (à droite), les singes n'ont pas.

Le langage, une capacité exclusivement humaine

Ce qui différencie fondamentalement le langage de tout autre mode de communication chez d'autres espèces animales c'est qu'il permet de produire un nombre illimité d'énoncés différents. En permanence, de nouvelles phrases sont prononcées que personne n'a jamais prononcées auparavant, et chacun de nous est capable d'en produire une infinité. Le langage se distingue des autres types de communication non humaine par la parole et la syntaxe. En combinant les sons en mots et les mots en phrases selon des règles syntaxiques (grammaire), l'homme est capable d'exprimer un nombre infini de pensées à une vitesse et avec une précision qu'aucun autre système naturel de communication ne peut égaler.

Le langage est apparu parce que la langue, la bouche, le système perceptif, les structures et mécanismes cérébraux qui contrôlent la production et la perception de la parole chez l'homme ont subi une

importante évolution depuis les premiers hominidés.

L'homme est génétiquement prédisposé à acquérir le langage, il est doté d'un « instinct à apprendre » la langue. Bien entendu, un environnement linguistique et social est indispensable pour que cette capacité se manifeste, mais, quels que soient leur langue et leur milieu socio-culturel, les enfants acquièrent tous leur langue maternelle au même rythme.

« Nous avons une bonne idée de ce dont nos ancêtres avaient l'air, et de leur mode de vie, mais leurs mentalités et leurs langages demeurent ensevelis dans les brumes du passé »

Merritt Ruhlen, *L'Origine des langues*

Ci-dessous, *Retour de la chasse à l'ours* de Fernand Cormon, peintre du XIXe siècle, grand spécialiste de représentations de « scènes préhistoriques ».

Les phénomènes psychologiques inhérents au langage

Percevoir la parole paraît facile. Pourtant l'analyse détaillée du signal acoustique correspondant révèle un phénomène complexe, continu, sujet à de multiples variations. Comprendre le sens des phrases suppose la connaissance d'un nombre fini de règles qui permettent de générer un nombre infini de phrases. Produire les phrases implique non seulement des processus de contrôle des organes phonatoires, mais aussi de planification, de réalisation phonologique des mots, et d'ordonnancement de l'énoncé sous forme linéaire. Et parler, c'est exprimer et transmettre du sens. Le langage étant la partie la plus accessible de la pensée, la représentation sémantique d'une phrase reflète l'organisation mentale des concepts.

Entre la linguistique et la psychologie cognitive, la psycholinguistique tente ainsi d'élucider les mécanismes psychologiques qui sont à la base de la perception et de comprendre le traitement mental du langage. En cela elle peut être aidée par la

Parlait-il déjà cet homme préhistorique qui a laissé ses empreintes sur les parois de la grotte de Gargas ? D'après certaines théories, la capacité de se représenter des objets ou des événements en leur absence est une condition nécessaire du langage.

Deux personnages, assis, paraissant être en conversation, peinture rupestre du Tassili (Algérie).

neuropsychologie, qui étudie les bases biologiques du langage et permet ainsi d'intégrer ce que l'on sait aujourd'hui du fonctionnement du système nerveux dans l'accomplissement de la faculté du langage.
La discontinuité entre l'homme et le chimpanzé ne réside pas dans le langage en soi mais dans la capacité du premier de générer des phrases à l'infini. Deux faits expérimentaux l'illustrent : en premier lieu, l'incapacité des singes supérieurs d'apprendre et, par conséquent, d'utiliser n'importe quelle forme du langage humain; en second lieu, la ressemblance parfaite des processus d'acquisition du langage parlé chez les enfants entendants et du langage gestuel chez les enfants sourds-muets.

Pourquoi les singes ne peuvent-ils parler?

Au début des années 1950, aux Etats-Unis, mais aussi en Allemagne et en Union soviétique, des chercheurs se sont efforcés d'apprendre à parler aux grands singes. Par exemple, Vicki, un chimpanzé femelle, a été adoptée par un couple de chercheurs américains et élevée dans les mêmes conditions que leur petit garçon. Dès le début, les deux petits étaient traités de la même façon et partageaient le même type de vie. Cependant, à un moment donné, l'enfant a commencé à parler, ce que Vicki n'a guère réussi. Elle pouvait tout juste comprendre un nombre limité de mots, mais elle n'a jamais produit le moindre son ressemblant à la parole. On a attribué cet échec à l'incapacité du chimpanzé à contrôler ses organes articulatoires.

Par la suite, d'autres chercheurs ont tenté d'apprendre aux chimpanzés d'autres formes de langage, les gestes ou les symboles.

David Premack, vers le milieu des années 1970, a entraîné une femelle chimpanzé, nommée Sarah, à manipuler des symboles de tailles, formes et couleurs différentes qui désignaient des objets ou des propriétés. Malgré ses capacités évidentes d'intelligence, Sarah n'a jamais essayé de nouvelles combinaisons de symboles et elle ne s'y intéressait que pour obtenir une récompense.

Ces recherches ont suscité un intérêt considérable, car on pensait que le langage humain, quoique plus complexe, ne présentait pas une structure essentiellement différente des autres systèmes de communication, mais qu'il était simplement le produit d'un développement graduel quantitativement supérieur. Ainsi, les Gardner, dans les années 1970, ont entrepris d'apprendre à Washoe (un autre chimpanzé) le langage gestuel des sourds-muets. Après de longues séances d'apprentissage, Washoe n'a

Plusieurs dizaines de cas d'enfants « sauvages », élevés en l'absence de toute communication verbale, ont été décrits depuis des siècles. Aucun d'entre eux ne savait parler et beaucoup n'ont jamais pu apprendre. L'histoire de l'« enfant sauvage » de l'Aveyron, décrit par le docteur Jean Itard en 1801, dont s'était inspiré le cinéaste François Truffaut, ou le cas exemplaire de Kaspar Hauser (trouvé en 1828 à l'âge de dix-sept ans) ne nous ont jamais éclairés sur l'origine et l'acquisition du langage.

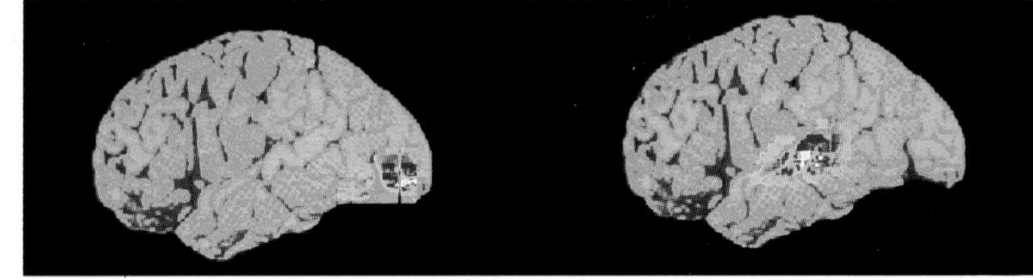

pu produire que des suites répétitives de signes du type : « Encore donne-moi, encore toi, s'il te plaît fruit, encore toi donne-moi fruit, donne-moi encore, donne-moi fruit, donne-moi, Roger », ce qui était un signe manifeste qu'elle pouvait communiquer avec les hommes et qu'elle avait envie d'un fruit. En revanche, un enfant ne produit jamais des énoncés de ce type, car, dès l'âge de 3 ans, il utilise des notions de syntaxe pour construire des phrases correctes, pour formuler des demandes, des questions ou des négations. Plus décevant encore fut le fait que Washoe n'ait jamais utilisé ce langage des signes pour communiquer avec d'autres chimpanzés.

Si ces singes n'ont pas assimilé le langage humain, ils ont montré de remarquables capacités à apprendre une communication symbolique, mais exclusivement pour demander de la nourriture ou un contact social. Ils nous ont appris que la différence entre l'homme et ses proches cousins est d'ordre qualitative : « il ne s'agit pas de "quelque chose en plus ou en moins", a écrit Noam Chomsky, mais d'un mode d'organisation intellectuelle différent ».

Le langage des sourds-muets

En l'absence de l'audition, le langage se développe de toute façon en utilisant le module visuel : il devient gestuel au lieu d'être parlé. Les gestes utilisés, les signes, sont différents de ceux qui accompagnent le

Le cerveau de l'homme se distingue de celui des autres mammifères par sa taille relative et la proportion des différentes parties du cortex. Mais ce sont surtout des différences qualitatives dans l'organisation fonctionnelle du cortex qui le particularisent. Ainsi, les structures spécialisées pour la compréhension et la production du langage sont situées dans l'hémisphère gauche.

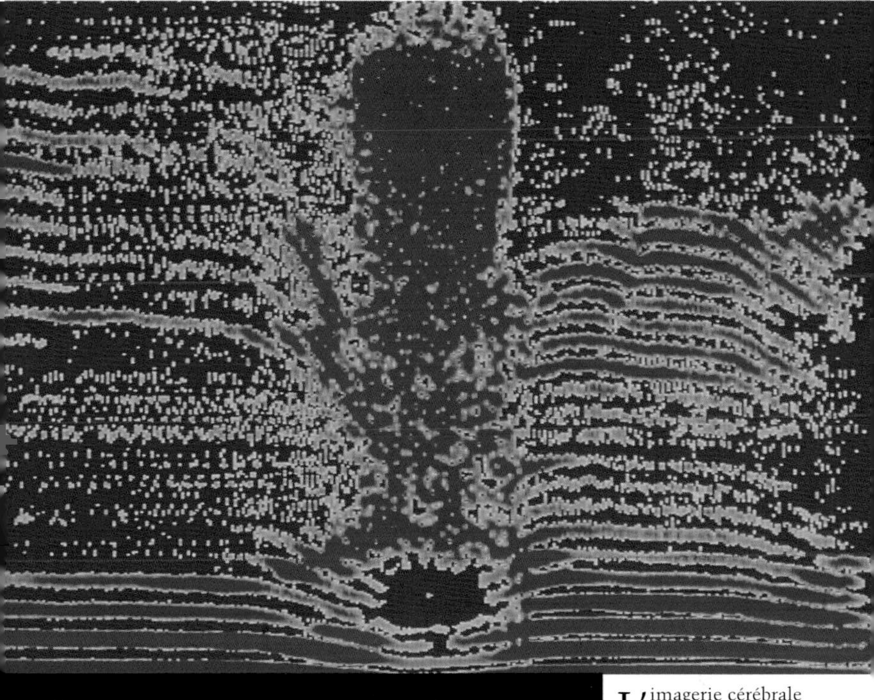

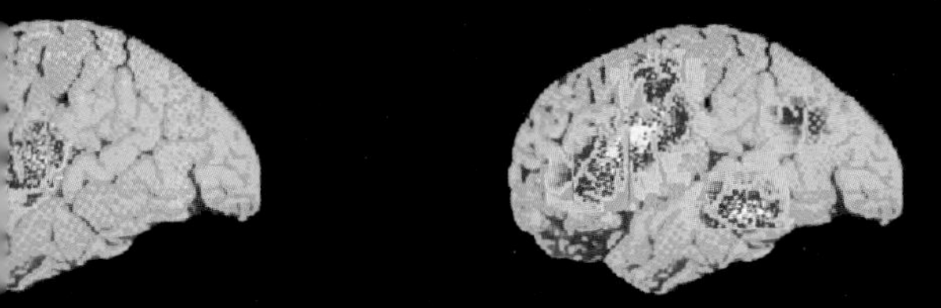

L'imagerie cérébrale permet d'étudier le cerveau en activité. Ici, grâce à la Tomographie par Emission de Positons (TEP), on peut voir les aires du cortex activées pendant que le sujet lit (en haut, à gauche), écoute (en haut, à droite), prononce (ci-dessus, à gauche) ou pense un mot (ci-dessus, à droite). Le sonagramme (en haut), représentation graphique du signal accoustique de parole, révèle les variations de fréquence et d'intensité en fonction du temps.

langage verbal, car chaque signe est employé de façon consciente et systématique pour exprimer un sens.

Depuis une trentaine d'années, l'étude des langues des signes, particulièrement de l'ASL (American Sign Language) par Klima et Bellugi, a permis de montrer la complexité de leur structure lexicale, syntaxique et sémantique, en tous points semblable à celle de n'importe quelle langue parlée. L'ASL est très différente de l'anglais, dont elle n'est pas une variante manuelle, contrairement à ce qu'on pourrait penser. Elle possède son propre système lexical, sa façon de représenter les concepts sémantiques et de combiner les mots selon des règles grammaticales particulières. Dans certaines situations, les sourds peuvent utiliser des «mimiques», des gestes «non linguistiques», semblables à ceux qui accompagnent les conversations des entendants. Cependant, les sourds qui «signent» font une distinction très nette entre les signes de la langue et les «mimiques». Même les néologismes, bien qu'ils s'inspirent souvent de la mimique, se conforment rapidement aux normes de la langue gestuelle. Tout semble indiquer que la langue des signes possède la même propriété fondamentale que n'importe quelle langue parlée, la possibilité de générer un nombre infini d'énoncés à partir d'un nombre fini de signes et de règles qui les gouvernent. Au cours de l'acquisition du langage, les enfants sourds manifestent le même comportement au même âge que les enfants entendants. Si l'enfant sourd de naissance est entouré de parents qui utilisent le langage des signes, il va maîtriser ce langage avec la même rapidité qu'un enfant entendant la parole. Comme les enfants entendants, qui commencent la production de la

Le langage des signes des sourds, systématisé pour la première fois par l'abbé de l'Epée au XVIIe siècle, combine trois éléments : la forme ou configuration de la main, l'endroit où le signe est formé et le mouvement de la main. Les langues gestuelles des sourds ne présentent pas l'aspect linéaire de l'épellation gestuelle. Bien que celle-ci soit plus flexible et applicable à toute langue à système d'écriture alphabétique, elle est tombée en désuétude.

J

F

parole par la production de syllabes (le babillage), les enfants sourds produisent un babillage manuel qui présente une organisation de type syllabique.

D'autres faits surprenants ont été observés chez des enfants «bilingues», enfants entendants dont les parents sourds utilisent la langue des signes et qui sont en contact avec les deux langages depuis leur naissance. Leur babillage verbal et par signe, l'apparition des premiers mots, l'utilisation des premières règles de grammaire se produisent en parallèle dans les deux langues, comme chez le jeune bilingue exposé, dès la naissance, à deux langues parlées.

Les sourds-muets qui maîtrisent parfaitement le langage gestuel peuvent produire un à deux signes par seconde, ce qui est comparable au taux de production de mots dans une conversation normale.

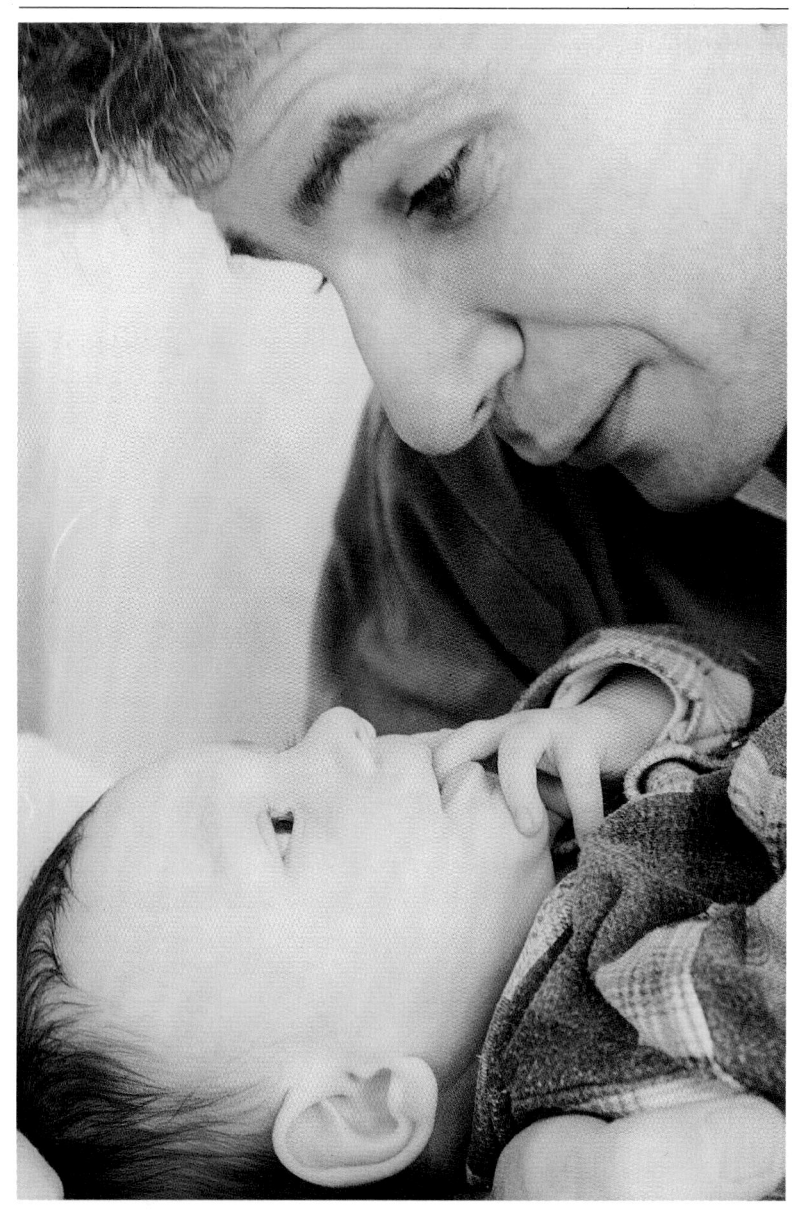

Tous les enfants apprennent à parler vers l'âge de deux ou trois ans de façon spontanée, sans effort apparent. On sait maintenant, grâce aux nombreux travaux de la psychologie expérimentale, que l'être humain est doté de capacités innées spécifiques au langage et que l'environnement linguistique est nécessaire mais pas suffisant pour l'apprentissage d'une langue.

CHAPITRE II

L'ACQUISITION DU LANGAGE

Intuitivement, quand on s'adresse aux bébés, la voix est plus haute, la mélodie plus accentuée, les pauses plus marquées. Cette parole très intonée aurait pour vertu principale d'attirer l'attention des enfants et de leur permettre de comprendre l'approbation, l'interdit, l'interrogation...

Trois questions fondamentales pour comprendre l'acquisition du langage doivent être résolues : comment l'enfant segmente-t-il le flux continu de paroles en unités de signification? comment analyse-t-il le monde en objets-événements correspondant aux unités linguistiques? et comment maintient-il la correspondance entre ces unités et les objets-événements tant au niveau lexical qu'au niveau syntaxique?

Les jeunes enfants sont dotés de nombreuses capacités, si bien qu'à la fin de leur première année le traitement perceptif de la parole a déjà produit un ensemble de représentations constitutives du lexique mental et de la syntaxe de la langue maternelle.

Les capacités précoces pour le traitement des sons de parole

On sait depuis quelques décennies que la parole est un signal acoustique continu et très complexe et qu'il est difficile d'y trouver des éléments invariants correspondant aux phonèmes, aux syllabes et aux mots. Il paraît inconcevable qu'un enfant puisse acquérir un système d'une telle complexité, en si peu de temps, sans avoir des capacités innées lui permettant de découvrir les relations entre le son et le sens.

En 1971, Peter Eimas et ses collègues ont ouvert la voie en testant les capacités des nourrissons de 4 mois à percevoir les sons de parole. Leurs premiers travaux ont montré qu'ils différencient les syllabes [ba] des syllabes [pa] en se fondant non seulement sur leur seule différence acoustique, mais surtout sur leur différence phonétique. Bien avant qu'ils sachent parler, leur discrimination est déjà « catégorielle », ce qu'on croyait réservé aux adultes. Depuis, on sait que, dès les premiers jours, les nourrissons sont sensibles aux sons articulés de l'adulte, qu'ils peuvent discriminer pratiquement tous les contrastes phonétiques des langues naturelles et différencier leur langue maternelle d'une langue étrangère.

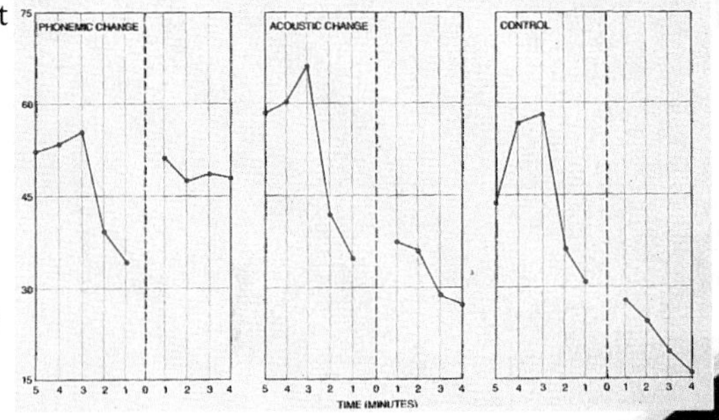

Vers 6 mois, les enfants peuvent négliger certaines différences acoustiques dues à la voix du locuteur, ou à l'intonation, au profit des seules variations pertinentes pour la discrimination des phonèmes. Jusqu'à l'âge de 6 à 8 mois, les enfants sont capables de différencier sans difficulté les syllabes des langues étrangères, contrairement aux adultes qui en sont incapables. C'est vers 10 à 12 mois que la discrimination de ces contrastes se perd, à l'âge où se réorganisent chez l'enfant ses capacités perceptives des catégories phonétiques de la langue maternelle, dont il commence à produire des syllabes phonétiquement conformes. Autrement dit, l'acquisition du

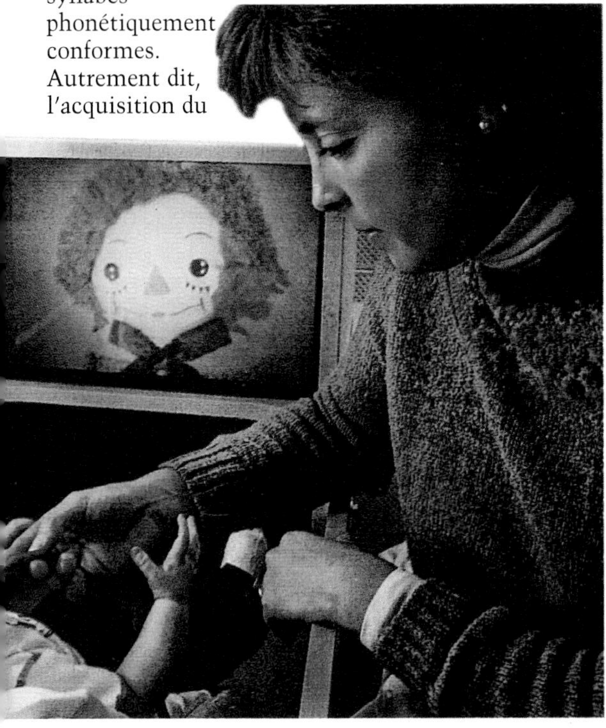

Dans l'expérience montrée ci-contre et effectuée par Peter Eimas en 1971, un haut-parleur émettant des syllabes et un écran sur lequel apparaît une marionnette sont placés face à un bébé de 4 mois qui suce une tétine reliée à des instruments de mesure. On voit sur les graphiques (page de gauche) que seul le groupe à qui on a présenté deux syllabes phonétiquement différentes [ba] et [pa] (graphique de gauche) montre une remontée significative du taux de succion au moment de changement de syllabe.

langage relèverait d'un processus instinctif («*innately guided learning process*», selon l'expression de Peter Marler) : le système perceptif est prêt à utiliser «d'instinct» les informations pertinentes présentes dans les sons de parole de son entourage.

Quand l'enfant se met à parler...

Entre 7 et 10 mois, l'enfant commence à produire des sons articulés, en répétant une même syllabe du type consonne-voyelle (CV) : «babababa», ou «dadada», puis en les combinant : «badadamamami». Le premier mot reconnaissable apparaît en général vers 1 an, mais, pendant encore plusieurs mois, l'enfant continue de babiller en parsemant quelques mots ici ou là. C'est la «période de transition», une période qui attire depuis peu l'attention des chercheurs. Si, quelle que soit la langue maternelle, les enfants produisent le même type de syllabes en raison des contraintes physiques imposées par la maturation du système articulatoire, leur babillage contient déjà certaines de ses caractéristiques.

Les premiers mots sont produits vers 10 à 11 mois. Ce premier vocabulaire est composé essentiellement de noms d'individus («maman»), de noms d'objets («voiture») ou de noms de substances («lait»), et cela est vrai dans toutes les cultures étudiées. Très rapidement, ou en même temps, apparaissent les verbes («donne»), les adjectifs («petit») et certains mots dont la catégorie n'est pas définie facilement,

Dans les années 1960, Noam Chomsky a révolutionné non seulement la linguistique mais également les conceptions de la psychologie sur l'acquisition du langage. Selon sa théorie, la capacité de langage est innée, génétiquement déterminée; elle permet à l'enfant d'acquérir la grammaire de sa langue à partir des données limitées fournies par son environnement sans aucun apprentissage explicite. Contrairement à ce qui était soutenu auparavant, le langage n'est pas appris par de simples principes associatifs.

tels que «coucou» ou «non». Vers 18 mois, le nombre de mots s'accroît très rapidement; on parle alors d'une «explosion» lexicale. A la même époque, les premières phrases à deux mots apparaissent (par exemple : «veux boire», «tamon poupette» = camion poubelle). Ce langage «télégraphique» omet les mots fonctionnels, tels

Malgré les différences évidentes entre les langues quant aux sons employés, le linguiste russe Roman Jakobson a observé qu'il existe de grandes régularités entre toutes les langues du monde. Il a décrit les sons des langues vivantes sous forme d'un ensemble fini d'attributs appelés traits phonétiques. Par exemple le son [p] et le son [b] partagent tous les traits phonétiques sauf un : dans les deux cas, il s'agit de consonnes, occlusives, labiales, mais [p] est une consonne sourde et [b], une consonne voisé. Ci-contre et ci-dessus, abécédaire et syllabaire de la fin du siècle dernier.

que « la », « le », « et », « de ». Vers 2 ans et demi, le nombre de mots continue d'augmenter et les mots fonctionnels répondent aux règles grammaticales. L'enfant accroît son vocabulaire au rythme d'environ neuf mots nouveaux par jour, et ce rythme se maintiendra jusqu'à l'âge de 6 ans. Mais pendant une longue période encore, l'enfant aura des difficultés à produire certaines structures complexes, bien qu'il soit tout à fait capable de les comprendre.

A 6 ans, l'apprentissage de l'écrit va rendre l'enfant conscient des connaissances phonologiques qu'il a acquises depuis de nombreuses années. C'est aussi l'époque où l'enfant découvre un symbolisme graphique autre que le dessin.

Les théories de l'acquisition du langage

Cette description succincte du développement des capacités linguistiques au cours des trois premières années est sous-tendue par diverses théories. Elles postulent que la compréhension de la phrase sert de base à l'enfant pour découvrir les règles grammaticales, et que les enfants apprennent la signification de certains mots en observant le contexte extralinguistique dans lequel ils apparaissent, contexte dont ils extraient le sens général des phrases. Enfin, ces théories supposent que les enfants infèrent, à partir de la situation réelle, que le mot qui

désigne la personne, le lieu ou les objets est un nom, et que le mot qui désigne une action est un verbe. Dès l'acquisition des premiers mots et des règles, les constructions plus complexes, telles que les compléments, la forme passive, etc., sont acquises à leur tour.

D'autres théories font appel à la notion de *bootstrapping* syntaxique – d'un néologisme américain désignant, en informatique, un programme de mise en route d'un système – pour expliquer comment les enfants assemblent les unités de parole aux unités de signification. L'enfant, qui utiliserait sa connaissance de la structure de la phrase pour évaluer la signification des mots, acquerrait le langage en observant les événements du monde, mais également à partir de la structure syntaxique de la phrase, en utilisant principalement la structure argumentative des verbes, par exemple la différence entre verbes transitifs et intransitifs.

Adam, d'après le Livre de la Genèse, donna des noms aux animaux, afin que les mots et les choses soient en harmonie naturelle, et non le produit accidentel d'une désignation arbitraire. Selon certaines théories actuelles, toutes les langues auraient une origine commune.

Quand l'homme a-t-il commencé à parler?

Les théories concernant l'apparition et la forme du premier langage sont très diverses. Nous ignorons tout des capacités de langage des hominidés. Nous savons maintenant qu'il n'existe pas de langues primitives, donc pas de formes intermédiaires entre une ou des premières langues et les langues actuelles, de même que les différences culturelles, génétiques et linguistiques qui distinguent les populations ne représentent en aucun cas des stades différents de notre évolution. Par conséquent, il est impossible d'élaborer une quelconque hypothèse fondée sur l'évolution des langues ou du développement des capacités mentales pour le langage. Comment, dans ces conditions, répondre aux questions : où, quand et comment est apparue la parole? Pour les uns, le langage serait apparu très tôt dans l'évolution, en relation avec la fabrication des outils. Ce serait alors le développement de la manufacture qui aurait entraîné l'accroissement progressif de la capacité cérébrale ainsi que la spécialisation des structures corticales pour le langage. Pour les autres, il n'aurait émergé

L'ouvrage de John Wilkins paru à Londres en 1668, *Essai sur le caractère réel et le langage philosophique*, comportait plusieurs études de prononciation.

Epiglottis

Larynx

Aspera Arteria

OeS

qu'avec *Homo sapiens sapiens*, dans un seul saut évolutif passant du protolangage au langage. Cette hypothèse s'appuie principalement sur l'étude de l'évolution du tractus vocal. D'après cette théorie, le langage n'a pu apparaître avant que le larynx ne soit descendu dans la gorge. Ainsi, le chimpanzé est incapable de produire [i], [u], [a], et l'homme néandertalien n'aurait pu parler les langues modernes.

Pour d'autres théories, en revanche, si les différences anatomiques des tractus vocaux de l'homme moderne et du chimpanzé, qui effectivement n'articule pas, ont été précisément mesurées, les études de spécimens d'*Homo sapiens* néandertalien et d'*Homo erectus* suggèrent qu'ils avaient un tractus vocal suffisamment proche de celui de l'homme moderne pour qu'ils aient été capables d'articuler voyelles et consonnes. Que non,

Le tractus vocal ne peut pas produire une infinité de sons distincts. Moins de trente traits phonétiques sont nécessaires pour caractériser tous les sons de parole. Chaque langue n'en utilisent que dix à quinze. Les consonnes diffèrent selon le voisement, la place et manière d'articulation. La qualité des voyelles dérive de la position et de la hauteur de la langue dans la bouche. Ci-dessous, les organes de la voix pour illustrer l'*Histoire naturelle de la parole de* Court de Gebelin paru en 1776 à Paris.

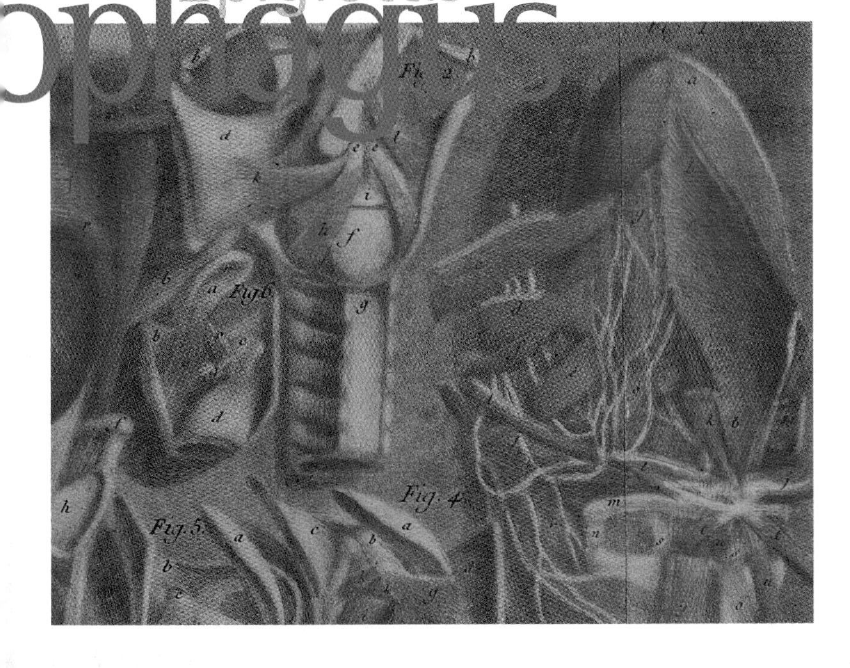

affirment certains, le langage serait apparu beaucoup plus tardivement, au moment où a débuté l'art pictural.

Toutefois, l'opinion la plus répandue propose que le langage gestuel d'*Homo habilis* aurait évolué progressivement pour devenir vocal avec *Homo sapiens*. La transition se serait produite entre *Homo sapiens* archaïque et *Homo sapiens sapiens*, donnant lieu initialement à un protolangage et puis, grâce aux changements dans le tractus vocal, à une forme de plus en plus articulée.

Depuis peu la génétique des populations a fourni de nouvelles hypothèses sur l'origine du langage. A partir d'une carte de la distribution d'une centaine de gènes à travers le monde, il est possible d'inférer les lignées de descendance de la population mondiale. Bien qu'il n'existe pas de lien direct entre les gènes et la langue, les familles de langues et les populations humaines biologiquement

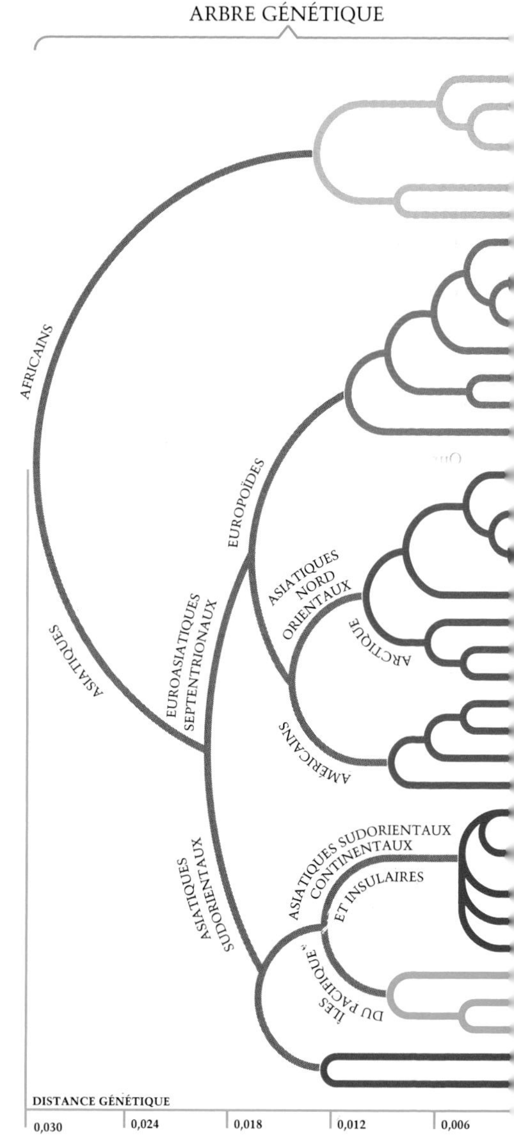

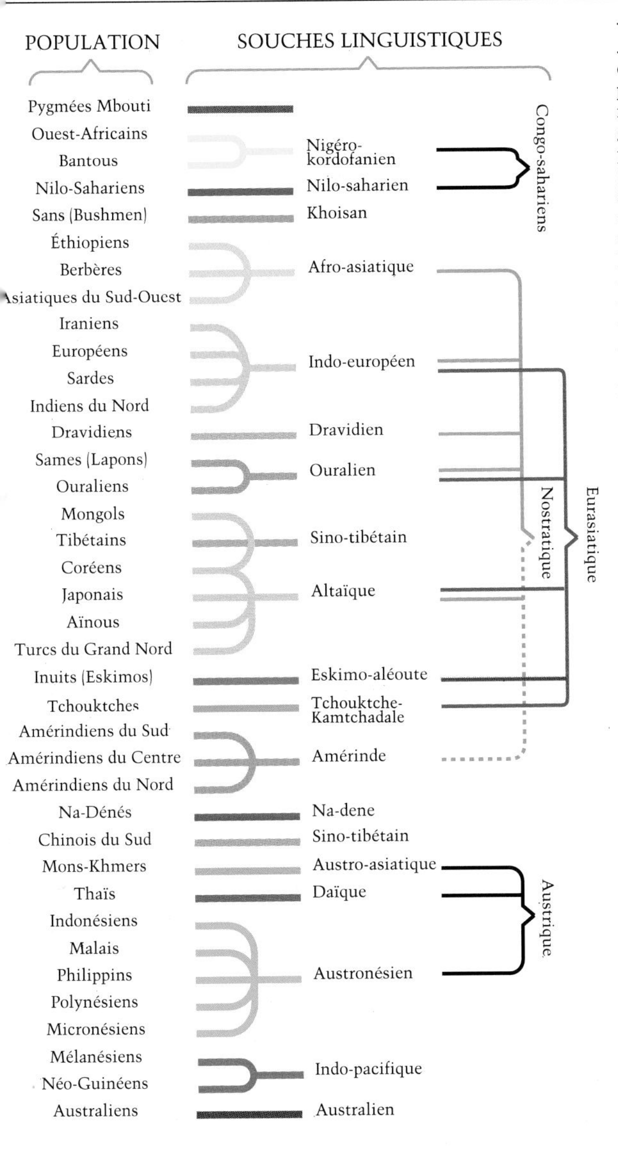

Le généticien L. Cavalli-Sforza et ses collègues ont proposé la première reconstruction généalogique des populations humaines (graphique à gauche) à partir de l'analyse des gènes responsables des groupes sanguins. En comparant l'arbre d'évolution génétique de 42 populations des cinq continents, à l'arbre généalogique des langues proposées par Greenberg (linguiste américain), ils obtiennent une très bonne corrélation. L'arbre généalogique ainsi constitué reflète la classification des langues. Ainsi, pour Cavalli-Sforza, les gènes, les peuples et les langues ont divergé ensemble au cours des migrations qui auraient commencé en Afrique, avant de s'étendre vers l'Europe, l'Asie, le Nouveau Monde et le Pacifique. S'il est avéré que l'on puisse rattacher chaque groupe de population à un rameau précis d'un arbre génétique commun, par contre la filiation linguistique reste plus multiple et conjecturale. Distincts de la divergence génétique préhistorique furent les regroupements culturels aboutissant à la situation linguistique moderne. Il faut donc se garder de confondre, à l'instar des idéologies racistes du XXe siècle, les deux répartitions : biologique et culturelle.

distinctes ont subi simultanément dans la préhistoire les conséquences des mêmes événements.

Les généticiens estiment que l'homme moderne vient d'Afrique, suite à l'expansion survenue il y a 100 000 à 60 000 ans. Selon cette hypothèse, notre ancêtre parlait une «vraie» langue, qui serait la langue originelle commune à l'ensemble des langues actuelles. Certains linguistes adhèrent à cette théorie en précisant qu'il n'existe pas de preuves que les universaux linguistiques aient changé depuis 60 000 ans Nous savons que notre espèce est intimement liée à l'apparition du langage et paradoxalement nous ignorons presque tout de cet événement.

Du langage aux langues

Le langage fait partie du patrimoine biologique de l'être humain, mais cette capacité universelle a la particularité de prendre des milliers de formes différentes. Les langues parlées dans le monde se distinguent les unes des autres sur un grand nombre de caractéristiques. Au niveau des sons, les langues présentent une variété relativement faible car tout le répertoire des sons d'une langue, sa phonologie, n'est qu'un sous-ensemble des possibilités articulatoires de tout être humain. C'est au niveau des mots composant le lexique que les différences entre les langues sont les plus grandes, car la combinaison des formes

On suppose qu'il existe un ensemble de concepts qui sont si proches de la nature humaine, que certains mots doivent exister dans toutes les langues. Mais cette liste ne contiendrait pas plus de 200 à 300 mots : je, tu, nous, qui, quoi, non, tout, un, deux, grand, long, petit, femme, homme, manger, voir, entendre, soleil, lune, étoile, eau, feu, chaud, froid, blanc, noir, nuit, terre…

Я БЕЛЕЛ ИХ РУБИТЬ;
МНЕ ХОТЕЛОСЬ, ЧТОБЫ

phonologiques produit un nombre infini de mots possibles. En revanche, la variété due aux règles syntaxiques qui régissent la construction des phrases semble être beaucoup moins importante que ce qu'on ne le pensait. De fait, les langues partagent un grand nombre de propriétés. Elles sont toutes parlées et on peut les transcrire. Elles sont toutes composées de mots, et ces mots se combinent dans des phrases grâce à un nombre fini de règles grammaticales. Toutes les langues, enfin, sont complexes, même si certains de leurs aspects peuvent l'être plus ou moins.

D'une langue à l'autre chez le bilingue

La nature impose un certain nombre de contraintes biologiques pour l'acquisition du langage, et l'environnement linguistique et culturel va sélectionner les propriétés pertinentes pour la langue donnée.

A la naissance, l'enfant a la possibilité d'apprendre toute langue, il n'apprendra pourtant que sa langue maternelle, ou ses langues maternelles s'il naît dans un milieu multilingue. La facilité avec laquelle l'enfant va acquérir plus d'une langue dépendra largement de l'âge auquel il va entreprendre cet apprentissage. Dans la petite enfance, l'acquisition de la deuxième langue ressemblerait davantage à l'acquisition de la langue maternelle, soit parce qu'elles sont presque simultanées, soit parce que les capacités dont les enfants disposent pour leur langue maternelle restent actives pendant quelque temps et peuvent servir à l'acquisition d'une autre langue. L'acquisition est optimale jusqu'à 7 ans, mais décline par la suite, surtout après la puberté, période à laquelle peuvent apparaître de grandes différences interindividuelles. Seules les personnes ayant appris deux langues très tôt dans leur enfance peuvent être considérées comme des bilingues «parfaits», parlant chacune des deux langues aussi bien que des monolingues. Cependant, chez la majorité des bilingues, une langue domine l'autre : elle est parlée avec plus de fluidité, elle impose l'accent à l'autre langue, et elle est toujours préférée dans certaines situations.

Apprendre une langue étrangère à l'âge adulte présente

Au moins deux tiers de la population mondiale est polyglotte. Cependant, dans les pays où le monolinguisme est dominant, comme en France, les recherches pour un meilleur apprentissage des langues étrangères ont abouti à une floraison de méthodes.

néanmoins des avantages. Les adultes peuvent utiliser leurs connaissances sur leur langue maternelle et les phénomènes linguistiques en général. Ils semblent mettre en œuvre des stratégies cognitives plus efficaces que les jeunes enfants dans le domaine de la mémorisation ou de la conceptualisation. En revanche, dans le domaine phonétique, l'influence de la langue maternelle reste déterminante et peut figer la perception et la production des sons étrangers. Après l'adolescence, on gardera en général l'accent de sa langue maternelle.

Magritte
le piano
la violette

L'enfant, de la naissance au huitième mois, peut acquérir tous les phonèmes humains. Par la suite, ses capacités perceptives se spécialisent à la phonétique de sa langue maternelle. Sa connaissance se restreindra dès lors à ce patrimoine collectif, construit au cours des siècles, avec son bagage de sons particuliers, de connaissances d'un secteur du monde, de relations proverbiales et de sagesse, de valeurs morales. C'est cela, la langue.

CHAPITRE III

LA LANGUE, LIEN FONDAMENTAL D'UNE SOCIÉTÉ

Magritte illustre à sa manière *L'Usage de la parole*. La belle Cassandre (sur le vase à gauche), dotée, par Apollon amoureux, du don de prophétie puis de celui de n'être jamais crue, fut l'objet d'un culte et reste le symbole de ceux dont la langue, si longue soit-elle, reste sans effet sur autrui.

Babel signifie la confusion, voulue par Yahvé, pour punir les hommes, les empêcher de construire une tour allant jusqu'au ciel, en faisant que, ne parlant plus la même langue, ils cessent de s'entendre. Ce mythe n'a cessé de hanter les esprits (à gauche, la tour dans le film *Metropolis* de Fritz Lang) et la fameuse tour sert d'image à toutes les divisions, jusqu'entre les éléments du langage et leurs rôles (en bas, la «Grammaire» extraite de la *Margaritha philosophica*, XVIe siècle.

Les fonctions de la langue

La langue, c'est un corpus donné de nomenclatures, de terminologies, de systèmes de connaissance, de savoirs empiriques ou scientifiques, de sagesse populaire faite de dictons et de proverbes, d'associations d'idées et de notions plus élaborées, comme d'intonations et d'harmonies vocales particulières. La langue, c'est le ciment de la culture d'une société : ceux qui ne la maîtrisent pas ont difficilement accès à cette culture et si la langue s'éteint, sa culture disparaît avec elle, ou, au mieux, entre au musée.

Les fonctions de la langue se situent à deux niveaux : celui de l'individu parlant et celui de la société ayant créé telle langue et unie par elle. Au niveau individuel, on met en avant la fonction communicative, à la fois relationnelle et incitative; puis les fonctions expressive (émotive), esthétique et ludique; mais, aussi essentielle, sinon primordiale, est la fonction référentielle : celle de formation, support et ordonnancement de la pensée

et du raisonnement, qui permet la description informative, comme l'argumentation polémique, la réflexion et le questionnement, qui sont propres à l'homme. Car, sans lien congénital avec la conceptualisation, la langue se ramènerait aux systèmes de cris réactionnels des animaux.

La langue, toute langue, est aussi, et, antérieurement à l'individu, celle du groupe, d'un groupe donné, qui la transmet à l'individu en formant son esprit. A partir de la langue, trésor d'un groupe, peut alors s'élaborer, au-dessus d'elle et la transcendant, un système métalinguistique, visant à réguler, normaliser, l'expression correcte du groupe : la langue parlant de la langue, sur la langue. Et les membres du groupe, pour s'identifier à lui, feront de la langue leur principal symbole identitaire : qui ne maîtrise pas la langue est hors du groupe, qui la maîtrise est du groupe, ou a fait un effort considérable pour y accéder. La langue est donc non seulement l'outil propre de chaque membre de la société, mais sa possession vaut appartenance.

Le plaisir de parler prélude à tous les autres et reste le piment de toute vie sociale. Qui, mieux que Renoir (ci-dessus, *Déjeuner des canotiers*), a traduit ce bain subtil de paroles, de lumières, de couleurs, de douceur de l'air?

L'accent et le style, révélateurs de la société

Les variations linguistiques, même minimes, vont permettre de situer leurs détenteurs, régionalement ou socialement, dans telle partie de la société. En toutes les langues, des accents peuvent dénoter des origines régionales. En français, l'«accent» est, par excellence, celui du Midi, mais d'autres intonations, moins célèbres, feront repérer un Alsacien, un Chtimi, un Haut-Marnais, un Neuchâtelois, etc.; ou bien certain grasseyement fera classer son émetteur dans les classes populaires parisiennes; tandis que, depuis la fin de la guerre d'Algérie, de certaines banlieues est issu un parler connotant l'appartenance à des origines outre-méditerranéennes en même temps qu'aux jeunes générations.

La recherche, ici, de l'identité ou de la sous-identité locale ou régionale, et là, de la valorisation sociale, va pousser certains à affecter telle ou telle prononciation, telle ou telle façon de s'exprimer, inconsciemment ou très consciemment. Ainsi, parmi les fonctions très importantes de la langue, entre finalement celle d'identification à une société, et jusqu'aux groupes la composant : ethnique, subethnique, régional, local et social.

L'accent marseillais – incarné de façon mémorable par Raimu face à Fanny (Orane Demazis) – traduit essentiellement la réapparition des intonations, du système de voyelles et de la musicalité propres au provençal populaire, qui était prédominant dans la ville au siècle dernier. Même si la pratique du provençal a diminué chez les Marseillais, le «substrat» provençal, surtout phonologique mais aussi lexical, continue à imprégner le «français de Paris» enseigné par l'école.

Normes et déviances linguistiques

Si la langue, lien fondamental d'une société, en reflète, par ses variations, l'image complexe, ces variations internes peuvent être,

« LE MAÎTRE DE PHILOSOPHIE : La voyelle O se forme en rouvrant les mâchoires et en rapprochant les lèvres par les deux coins, le haut et le bas; O.
M. JOURDAIN : O, O. Il n'y a rien de plus juste. A, E, I, O, I, O. Cela est admirable! I, O; I, O. »
Molière, *Le Bourgeois Gentilhomme*, acte II, scène VI

selon les uns ou les autres, soit acceptées, tolérées, voire recherchées et accentuées volontairement, soit, au contraire, condamnées, censurées, réprimées. Peu de sociétés encouragent la variation interne, mais beaucoup tendent à souligner celle qui marque les limites de l'ensemble communautaire vécu. Les records de fragmentation affirmée et revendiquée se rencontrent dans les chefferies d'Afrique noire, groupant quelques villages, et qui cherchent en général à se différencier des chefferies voisines, de même langue et de mêmes mœurs, par des spécificités orales propres, permettant de reconnaître ses membres aux premières paroles; rôle identificateur joué, ailleurs, par les variations d'atours ou de scarifications corporelles.

La plupart des sociétés modernes ont pris le chemin inverse, de l'homogénéité des comportements verbaux, de la standardisation des normes linguistiques, tant phonétiques que lexicales ou syntaxiques, pour ne pas parler des normes orthographiques. Et la plupart des langues, comme des Etats et des nations, ont tendu, chacun à sa façon, à la propagation d'un type unique de parler, qui, bien sûr, était celui du groupe dominant, politiquement prépondérant et, en général, géographiquement central.

En France, en Espagne et en Grande-Bretagne, les langues ont été modelées

Surnommée familièrement *Old Auntie* («notre vieille tantine»), la BBC jouit d'une réputation inégalée (en bas, le célèbre présentateur, Joyn Boynton). Dans un pays où les différences de classes se traduisent couramment dans la prononciation, les cours de phonétique du Gallois Daniel Jones y étaient suivis par des auditeurs de tous les milieux avant de servir de base à son *Dictionnaire de prononciation anglaise*.

par la Cour et la capitale; et si ni l'Italie ni l'Allemagne n'étaient pareillement centralisées sur une capitale politique, leurs langues ont, quand même, été modelées, la première, sur le dialecte toscan de Dante, et la seconde, sur le haut-allemand (*Hochdeutsch*) de Luther. Peu importe si, aujourd'hui, les modèles de correction ne sont plus recherchés à Versailles, mais à la Comédie-Française, et moins dans l'anglais du Roy – *King's English* – que dans celui de la BBC; le fait marquant est qu'une norme prévale et soit reçue comme telle.

Les immigrants peuvent retrouver dans certaines rues de Manhattan les échos de leurs langues avec les enseignes, les décors et les trésors de leurs mœurs. Ici, une boulangerie italienne dans le quartier de Little Italy.

Les autres : muets et bafouilleurs, les barbares

Les périphéries, tenues pour incultes, sont le domaine de ceux qui balbutient : tels les «barbares», c'est-à-dire les bafouilleurs et bredouilleurs aux yeux des Grecs antiques, terme qui englobait tous les peuples étrangers à la langue d'Homère; terme dont furent gratifiés, entre autres, les habitants de l'Afrique du Nord, dénommée la Barbarie, et qui devinrent les Berbères (et Barbaresques), plus tard appelés *al gharbiya* («les gens de l'Ouest») par les Arabes, eux-mêmes dénommés Algarabías par les Espagnols, et dont les Français ont tiré le «charabia» imputé aux Auvergnats (dits «Charabiats»); pour ne pas évoquer ceux qui parlent le français «comme une vache espagnole», c'est-à-dire «comme un Basque espagnol», ni ceux dont on n'entend que le baragouin, autrement dit les Bretons, demandant du pain et du vin : *bara ha gwin*.

On est toujours le muet, ou le semi-muet de quelqu'un, comme les Allemands sont toujours, pour les Slaves, les «Niemtsy», c'est-à-dire les «muets». La supériorité naïve englobe, dans un même mépris teinté d'agacement, tous les locuteurs d'autres idiomes, parlers, dialectes, patois. Pour les Français, seuls les Belges et les Québécois, aisément compréhensibles, peuvent bénéficier d'une indulgence condescendante à l'égard de leurs reconnaissables façons de parler, sans compter l'accent marseillais, qui, grâce au génie de Pagnol, sied aux rôles comiques.

La langue maternelle et les langues secondes

La langue, donnée native, dite le plus souvent maternelle (*mother tongue*, *Muttersprache*, etc.), bien qu'elle soit souvent, en cas de différences entre parents, celle imposée par le père, est, en tout cas, celle ancestrale, de l'individu, de son foyer natal ou, parfois, d'adoption. Elle est dite, maintenant, de préférence, langue première (ou L.1) pour la distinguer des suivantes, éventuellement acquises à l'école, dans la rue, au travail, à l'étranger, et qui seront les langues secondes. Et dont l'une, par exemple la seconde (L.2) ou la troisième (L.3), apprise, pourra, parfois, détrôner la langue première en devenant,

à sa place, la langue de culture, d'expression écrite, d'usage prédominant, voire du foyer nouveau. La langue première pourra être éclipsée, plus ou moins oubliée, s'atrophier, et, à la limite, disparaître par manque d'emploi fonctionnel et social suffisant.

C'est le sort de tant de langues d'origine des immigrants, surtout isolés en milieu urbain; langues qui se diluent en peu de générations, si l'effort spontané de survivance n'est pas appuyé par des institutions scolaires et culturelles. Ainsi disparaît l'arabe chez les Beurs de France, comme avait disparu, dans une descendance de plus en plus acculturée dans le « creuset » (*melting pot*), les langues des Américains « à trait d'union » (*hyphenated Americans*). Par exemple, chez les

New Orleans est toujours La Nouvelle-Orléans, surtout dans le rythme des fêtes, les rites et l'atmosphère de son passé français. Même si sur le million d'habitants de l'agglomération en 1970, seuls 10 % (soit 100 000 personnes) avaient le français comme langue maternelle. Parmi eux, une minorité (40 000 personnes environ) était issue des vieilles familles créoles citadines du Vieux Carré; moins encore (10 500) de la communauté francophone noire (dont était originaire Sidney Bechet), et le reste (50 000 personnes) étaient des Cajuns (Acadiens) ayant quitté leurs bayous ou la Prairie de Lafayette. Toutes catégories touchées par l'anglicisation intensive introduite avec la scolarisation généralisée dans l'entre-deux-guerres, qui emporte le demi-million de francophones recensés en 1970 (incluant encore quelques Indiens Koasati et Chetimacha) sur le million de « Français de Louisiane », selon l'expression américaine courante *Louisiana French*.

Mon A
TEL. 594-

Franco-Américains, comme Jack Kerouac, qui ne parla qu'en français à sa mère, et n'écrivit qu'en anglais. Malgré la pression morale des vieilles générations, les bulletins paroissiaux, les associations culturelles, les coins de quartiers typiques aux enseignes originales, les chaînes de télé spéciales.

Arrivée d'émigrant après d'Ellis Island à la fin du siècle dernier : changer de continent, de patrie, de langue… pour toujours et pour toute la descendance (page de gauche). Ci-contre, exemple de patchwork linguistique à Manhattan : un salon de beauté annoncé en écriture coréenne avec un nom de prestige en français et le reste en anglais ! En 1990, sur les 230,4 millions d'Américains, le Bureau du Recensement en relevait 198,6 millions qui ne parlaient qu'anglais chez eux, et 31,8 millions une autre langue. Le plus grand groupe d'entre eux était les « Hispaniques » (17,3 millions) et le second, les francophones (1,9 million), avant les germanophones (1,5 million), les italophones (1,3 million) et les sinophones (1,2 million).

Parce que, partout, les jeunes préfèrent parler la langue de tout le monde, fréquenter et épouser qui ils veulent, et habiter hors des ghettos.

Polyglottes actifs et plurilingues passifs

Différent est le rôle des langues enseignées additionnellement à celle du pays : langues étrangères, ou anciennes (les unes et les autres comme langues classiques et, sauf effort pédagogique rare, comme des langues mortes), à l'école, au collège, à l'université, dont le choix varie considérablement d'un pays à l'autre. Et dont l'enseignement est d'une efficacité si inégale suivant les systèmes et les auditoires. Français et Anglo-Saxons, au sortir de leurs systèmes respectifs d'enseignement, sont généralement remarquables d'incompétence moyenne en langues étrangères. On doit dire que, plus une nation est fière de sa langue et sûre de son rayonnement culturel, économique et politique, moins elle fait d'effort pour apprendre celles des autres. Car, inversement, les nations plus humbles tirent visiblement un plus grand profit des années d'école. Il n'est que d'entendre les Néerlandais, les Allemands, ou les Scandinaves pour s'en persuader; sans mentionner les Polonais et tous les peuples slaves chez qui on invoquera un don prétendu «inné»...

On peut avoir subi passivement un enseignement sans devenir un pratiquant actif. Comme on peut être né dans un milieu linguistique donné, entendre toujours sa langue d'origine, mais ne plus la pratiquer oralement et, même, n'avoir jamais su l'écrire ni la lire. C'est le cas de la quasi-totalité des Bretons ou des jeunes Beurs de France; ou, mieux, de la totalité des Berbères d'Afrique du Nord, ou des vieux Cajuns de Louisiane. Hors des polyglottes et plurilingues passifs, qui pourraient employer et développer leurs connaissances, mais ne le font pas, telle la grande majorité des Français, existent les bi-, tri-, voire quadrilingues actifs, qui journellement font appel à des savoirs linguistiques acquis spontanément et/ou scolairement.

D'une langue à l'autre, les images les plus familières changent et les expressions, ici les plus évidentes, risquent, là, d'être incomprises si on essaye de les traduire littéralement. Ainsi, «boire comme un trou» se dit en anglais «boire comme un poisson»; «mettre la puce à l'oreille», «sentir un rat»; «faire bouillir la marmite», ramener le bacon à la maison»; «être mal vu», «être dans la niche du chien»...

Les plurilinguismes spontanés et actifs

Les populations ont inventé, pour communiquer, différentes stratégies linguistiques, déterminées parfois par des facteurs géographiques. Ainsi, dans le nord du Caucase, il existe différentes formes de bilinguisme, influencées par les conditions géo-économiques : les gens des villages de montagne apprennent généralement la langue des villages de plus basse altitude. Mais l'inverse ne se fait pas, car ce sont les montagnards qui descendent pour vendre leurs produits et trouver du travail. Et, avant que le russe ne devienne véhiculaire dans les steppes, c'étaient les langues turques qui jouaient ce rôle par-dessus la mosaïque des langues des villages. En Nouvelle-Guinée, le linguiste australien Wurm a observé que des tribus traditionnellement hostiles, qui parlent des langues différentes, mais ont besoin de se comprendre afin de régler leurs différends, ont coutume d'échanger des enfants qui apprennent, en plus de leur langue, celle de leur tribu d'adoption. Ces enfants jouent alors le rôle de truchement entre les tribus. Ailleurs, il arrive, entre communautés linguistiques parlant des langues proches, que l'on apprenne à comprendre, mais non à parler, les langues des voisins. Chacun, alors, s'exprime dans sa langue et est compris de tous les interlocuteurs.

La diglossie, plurilinguisme fonctionnel et permanent

On nomme «diglossie» la pratique fonctionnelle permanente de plusieurs langues par des individus ou des groupes vivant dans une société mixte, frontalière ou cosmopolite, ou qui ont subi le dépaysement, ou sont partagés entre plusieurs milieux, familiaux, de travail, etc. Par exemple, les deux millions de Français vivant à l'étranger, ou ceux qui, en France, travaillent dans certaines entreprises commerciales,

Deux illustrations, selon la technique du papier découpé, de Benoît Jacques extraites de son ouvrage *The Expressionist Bestiary (Le Bestiaire expressionniste)* présenté comme une petite anthologie illustrée d'expressions populaires à l'usage de l'amateur d'anglais et de français.

touristiques, éditoriales, ceux qui vivent avec des personnes étrangères, qui voyagent beaucoup; ou qui ont eu l'infortune de naître et de rester dans ces régions marginales ou survivent les «patois» ou «langues régionales». Et puis, bien sûr, la plupart des immigrants et de leurs enfants, les populations créoles, ou la majorité des Bruxellois, ou des habitants des pays dits «francophones», «anglophones» ou «lusophones» d'Afrique.

Si des individus passent du bilinguisme passif à un bilinguisme actif, c'est, généralement, qu'ils sont poussés à le faire par une société elle-même bilingue. Et les sociétés bilingues sont rarement des sociétés où plusieurs langues sont placées sur le même pied.

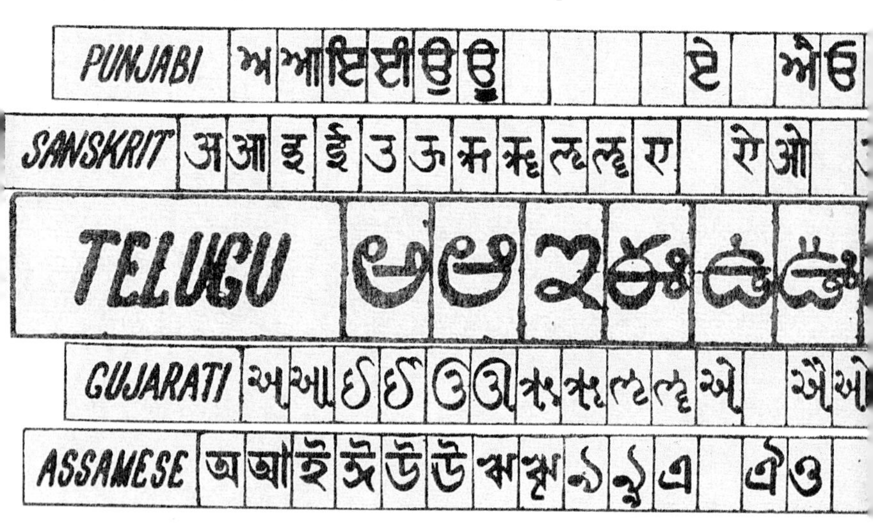

Chacune des quatorze langues inscrites à la constitution de l'Inde de 1950 a son écriture, parfois proche de celles des voisins, mais, le plus souvent, complètement distincte et indéchiffrable.

Langues écartelées, créoles et pidgins

Le mot «diglossie» fut d'abord appliqué aux situations, exceptionnelles, de divergence à l'intérieur d'une même langue. Quand, par exemple, un fossé s'est creusé, au cours des siècles, entre la langue populaire et celle de l'élite sociale, conservatrice et puriste. C'était le cas, classique en Europe, du grec moderne, dont la version populaire – *demotiki* – était réputée vulgaire et impropre à

A Pondichery, dans la vieille «ville blanche», tracée par Colbert, les noms de rues sont en français et en tamoul, mais l'affichage politique ou publicitaire n'est qu'en tamoul, langue du Territoire, comme, vraisemblablement, de ce conducteur de *rickshaw*. Lui seul, pourrait dire si ses parents furent «optants» français ou indiens, et lui léguèrent ou non l'usage du français.

l'expression culturelle, alors que la version «purifiée» – *katharevoussa* –, plus proche du grec ancien, devait seule être employée dans l'administration et les médias. Il n'est pas indifférent de savoir que celle-ci eut pour dernier défenseur le régime dictatorial des colonels, et que le rétablissement de la démocratie amena aussi, en 1976, la libération de la langue. En Inde, de vieilles et riches langues, comme le bengali, pluriséculaire, ou le tamoul, plurimillénaire, ont connu de semblables divorces d'usage et de normes sociales. En Indonésie et en Malaisie, avant la propagation de l'indonésien-malais, langue binationale, unifiée en 1972 et simplifiée, des langues, comme le javanais, connaissaient plusieurs modèles précisément codifiés suivant la position sociale de chaque interlocuteur.

Diglossie plus familière est celle de la créolisation du français aux Caraïbes et aux Mascareignes, où, de la langue des maîtres blancs de la société coloniale de plantation, se sont détachés les parlers simplifiés des esclaves noirs, nourris d'emprunts africains. Les pidgins sont des parlers mixtes, comme l'était le sabir de la Méditerranée postmédiévale, mais analogues aux créoles, car créés, pour des raisons de relations commerciales ou autres, dans des sociétés de type colonial, et utilisées seulement pour ces relations. Les pidgins ont tendance à disparaître comme les relations coloniales, ou bien, appropriés par une communauté qui en fait sa langue maternelle et pas seulement véhiculaire, deviennent des créoles.

Créoles et pidgins reflètent généralement la structure syntaxique ou phonologique des langues indigènes, tandis que leurs vocabulaires sont nourris d'emprunts massifs à la langue dominante. Les créoles ont surtout été remarqués dans les îles et terres de plantation françaises, portugaises espagnoles, et les pidgins sont plus divers : on en a relevé de la Chine au Pacifique, à la Sibérie et à l'Alaska. Et l'on a pu considérer le swahili comme un pidgin à base bantoue, mais à vocabulaire arabisé.

Graffiti politique en Haïti en 1986, lors du départ de Duvalier. En 1990, le père Aristide devra en grande partie son succès aux élections présidentielles à l'usage délibéré du créole. Ci-dessous, partition d'une chanson créole.

La diglossie, reflet des rapports sociaux

Toutes les situations diglossiques sont caractérisées par une double opposition : linguistique et sociale. Les masses créent spontanément leur parler, plus ou moins mixte, et le groupe dominant reste attaché à la norme ancienne. Opposition transgressée par

la nécessité de communiquer : en général, la couche supérieure devenait diglossique, pour s'adresser à ses employés et serviteurs, mais seule une petite minorité issue de la masse accédait, par l'instruction, à la langue des maîtres. L'évolution postcoloniale et la propagation de l'enseignement ont eu pour premiers effets l'extension, voire la généralisation de la diglossie. Mais les situations de diglossie sont loin d'être aussi rares qu'il y paraît, puisque l'évolution

Le créole est, dans ces sociétés colonisées, devenu le parler local de l'ensemble de la population, Blancs compris, tandis que le français gardait toutes ses prérogatives de seule langue officielle, « de culture », écrite et d'enseignement. Le divorce entre les deux formes linguistiques est suffisamment grand pour rendre l'intercompréhension, au premier abord, impossible, et pour que l'on puisse parler de deux langues différentes.

dynamique opère constamment, en chaque langue, et puisque beaucoup de sociétés ont été fondées initialement sur la domination d'un groupe sur un autre. A la fin de l'Empire romain, le latin de la classe dirigeante, tout en se répandant dans les peuples dominés, s'est partout corrompu; les évolutions qui s'ensuivirent donnèrent naissance aux langues romanes divergentes, qui peuvent toutes être considérées comme des «créoles» du latin, car issues du même bas-latin commun, mais subissant les déformations imposées par tel ou tel ensemble de population, italique ou gauloise, hispanique,

A Addis-Abeba, panneau publicitaire pour une école de dactylographie en amharique, langue officielle de l'Ethiopie. Dès le VIe siècle, la christianisation du pays passe par le guèze, ancêtre de l'amharique, écrit avec une variante de l'alphabet sud-arabique, et qui deviendra langue savante et liturgique. Puis deux langues populaires s'en détachent, et évoluent en langues officielles : l'amharique pour l'Abyssinie-Ethiopie et le tigrigna pour le Tigré et l'Erythrée.

Ecole primaire dans le nord du Cameroun, en 1979 (à gauche). Après vingt ans d'indépendance, aucune langue africaine ne pénètre à l'école primaire où le français reste le seul accès à la culture moderne.

balkanique, etc. La superposition, sociale, fonctionnelle, culturelle, des langues, dans une même société, sur les mêmes lieux, dans les mêmes cerveaux individuels, a toujours caractérisé de nombreux secteurs de l'humanité, de façon plus ou moins complexe et durable.

Au fil des générations, le transfert linguistique

Cette concurrence des langues, instituée dans la société, opère dans le cerveau de chaque individu, dont les capacités sont grandes, mais pas illimitées, et assez variables suivant l'âge et l'environnement. Au fil des générations, la pression du milieu va entraîner des choix qui peuvent aboutir à l'élimination graduelle des usages linguistiques les moins rentables et les moins porteurs de considération. C'est ce que toutes les vagues d'émigrants ont connu de par le monde. Il est difficile d'être un parfait bilingue, car si, dans une société diglossique, la langue supérieure est déjà valorisée, la langue minoritaire sera, par contre, au sein des minorités, autochtones ou immigrées, suffisamment dévaluée, et son entretien découragé par le milieu extérieur, pour qu'elle s'éteigne vite. En Afrique, pour faire une cour réussie aux filles, les adolescents misent volontiers sur le français. Partout, c'est par les jeunes, et par les femmes, plus que par les hommes, que l'assimilation linguistique progresse.

Aujourd'hui, dans de nombreux pays, africains, par exemple, on ne peut parler d'aires linguistiques sans tenir compte de la cohabitation à différents niveaux des langues locales (dites, suivant les cas, vernaculaires, ethniques, autochtones, ancestrales, etc.), véhiculaires (de communication interethnique), officielles (d'Etat), et même étrangères (enseignées comme telles), etc. En bas, une école primaire au Sénégal (1987). Le français n'y est pas considéré comme une langue étrangère mais est enseignée comme seule langue officielle. Mais le «français d'Afrique» ou *les* «français d'Afrique» se particularisent vite dans les couches populaires, par toutes sortes de moyens, des néologismes pratiques tels : «cadeauter», donner un cadeau; «essencerie», poste à essence; «biroute», route à deux voies, ou encore des expressions imagées : «radio-trottoir», rumeur publique; «deuxième bureau», liaison extra-conjugale; «champagné», personnage corrompu par les pots-de-vins, etc.

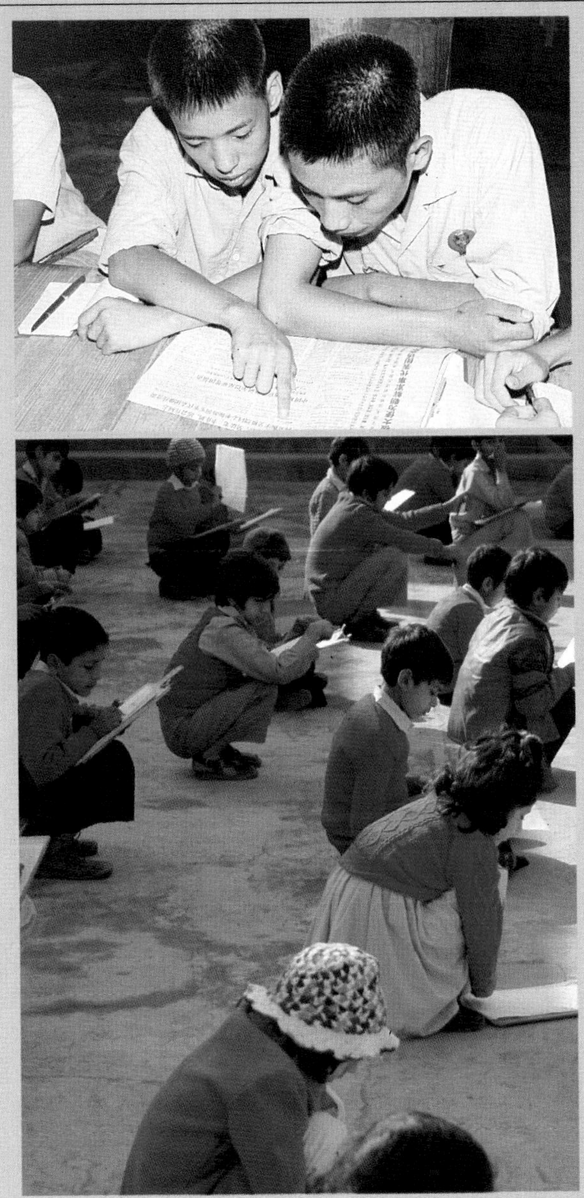

L'école, pour l'enfant, est le lieu où il prend conscience de la langue comme une norme, dans la mesure où sa famille n'est pas ce lieu, ou trop peu. Le bien-parler s'impose à lui comme un impératif constant, oral et bientôt, encore plus, écrit. Si cette langue scolaire est la même que celle foyer, il y a alors passage, pour l'enfant, d'un degré d'expression libre et spontané à un autre plus élaboré, conscient, contrôlé, visant à la correction. C'est affaire d'attention comme tout ce qui touche à l'école.
Mais si la langue de l'école n'est pas celle du foyer, alors, pour le jeune être qui parle, c'est le choc psychologique.
Il passe plus ou moins brutalement d'un bain linguistique à un autre. Il doit faire un effort constant pour acquérir l'équivalent de ce qu'il sait déjà, mais dans un tout autre code, qui s'impose à lui la voix du maître et de ceux des élèves déjà initiés à ce système étranger à ses oreilles, à son entendement. En faisant, généralement, un effort inverse pour ne pas utiliser le code familier qui est le sien, mais qui, inculqué ailleurs, est hors de mise à l'école, voire formellement proscrit.

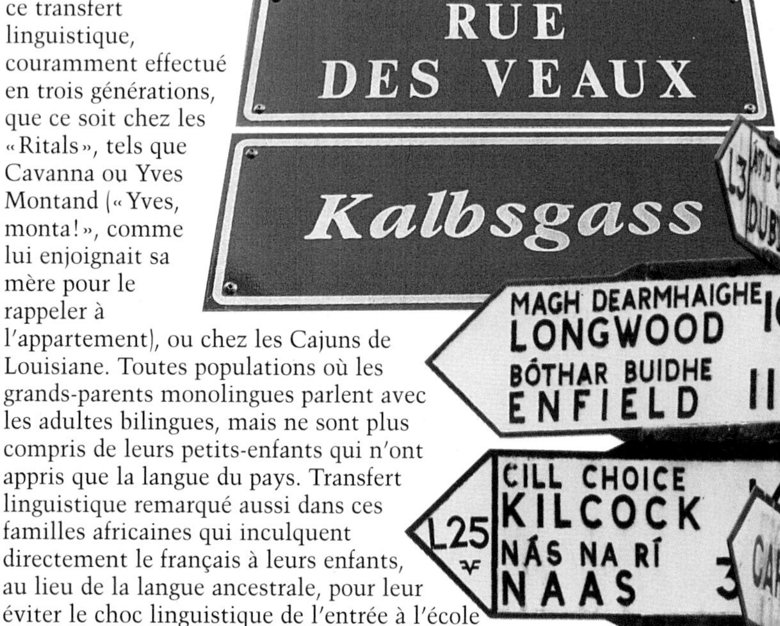

Et l'on observe partout ce transfert linguistique, couramment effectué en trois générations, que ce soit chez les «Ritals», tels que Cavanna ou Yves Montand («Yves, monta!», comme lui enjoignait sa mère pour le rappeler à l'appartement), ou chez les Cajuns de Louisiane. Toutes populations où les grands-parents monolingues parlent avec les adultes bilingues, mais ne sont plus compris de leurs petits-enfants qui n'ont appris que la langue du pays. Transfert linguistique remarqué aussi dans ces familles africaines qui inculquent directement le français à leurs enfants, au lieu de la langue ancestrale, pour leur éviter le choc linguistique de l'entrée à l'école strictement francophone. Et pour les intégrer au plus vite avec les minorités dites «francophones», en réalité bilingues, mais scolarisées exclusivement en français. Et, qui, en certaines régions où la scolarisation est étendue, deviennent des majorités, plus ou moins complètement acculturées, c'est-à-dire passées à un usage exclusif du français.

La langue, le plus éphémère des marqueurs ethniques?

La langue est, souvent, le premier des marqueurs ethniques que l'on peut effacer chez les enfants, suivi des prénoms que l'on prend vite dans le milieu d'accueil, ensuite de la religion, quand elle est restée signe visible, plus tard du nom patronymique, modifié s'il était trop identificatoire. Le conformisme triomphe, par ce mimétisme extérieur qui estompe les différences. Sauf certaines résurgences comme la recherche des racines à partir de la troisième génération, suffisamment acculturée à la société d'accueil pour se permettre le luxe d'une identité seconde, discrètement revendiquée, et d'un pèlerinage aux sources. Aux Etats-Unis, les programmes fédéraux, généreux mais de portée limitée, en faveur des « langues d'héritage » des minorités, avancés dans les années 1960, ont, dans les années 1980, été balayés au niveau des Etats par la vague de l'« anglais seulement » et de l'« anglais officiel ». Ainsi disparaissent les langues d'origine des immigrants, mais aussi les langues régionales, en recul d'autant plus rapide que l'enseignement progresse. Par exemple, dans une communauté très vivace, comme celle des deux millions de « Franco-Américains » de Nouvelle-Angleterre, une révolution tranquille, liée à l'effondrement de l'emprise de l'église québécoise, vit, dans les années 1960, s'évanouir le système d'enseignement paroissial français, aussi rapidement que la presse francophone quotidienne, hebdomadaire, etc.

De cette façon sont graduellement effacées, au XXe siècle seulement, ces prétendues taches sur la robe des nations d'Europe que représentaient la survivance du breton, de l'occitan, de l'irlandais, du mannois, du gaélique, du frison, du sorabe, du lapon, et de tant d'autres langues dites maintenant « moins répandues », ou menacées, et qui sont en voie d'extinction euthanasique. Bien que certaines aient obtenu, *in extremis*, les moyens de résister et de survivre, comme le catalan, le basque ou le gallois, pour lesquelles on pourra bientôt juger s'il s'agit là, des écoles maternelles aux chaînes de télé, d'autre chose que de ballons d'oxygène.

En Alsace, on commence à doubler les plaques de rue en français par leurs homologues en allemand. En Irlande, depuis l'indépendance, les panneaux indicateurs sont dans les deux langues : l'irlandais, langue nationale, et l'anglais, langue officielle.

A Bruxelles, région bilingue, les deux langues principales de la Belgique, le néerlandais (et non le flamand, qui n'est qu'un dialecte du néerlandais) et le français, doivent être employés à égalité.

VENEZUELA
UNITED KINGDOM
NICARAGUA
PAKISTAN
PHILIPPINES
INDIA
UNION OF SOVIET SOCIALIST REPUBLICS
GREECE
HAITI
IRAN
YEMEN
VENEZUEL
PARAGUAY
ICELAND
OF SOUTH
SAUDI ARABIA
PANAMA

Toute espèce dotée du «langage», expression sociétale par définition, en se répandant à la surface du monde, ne peut que subdiviser son idiome en unités de plus en plus distinctes à la mesure de la distance de séparation en groupes. Seul le maintien de la promiscuité peut garantir celui d'une langue commune. Il en est, à ce titre, de l'homme comme des autres espèces : la divergence «babélienne» était inscrite dans la géographie, comme elle l'est du «langage» des baleines ou des abeilles.

CHAPITRE IV
POURQUOI DES MILLIERS DE LANGUES?

L'ONU a deux langues de travail, l'anglais et le français, et quatre autres langues officielles : le russe, le chinois, l'espagnol et l'arabe. Ci-contre, un exemple du renouveau du breton.

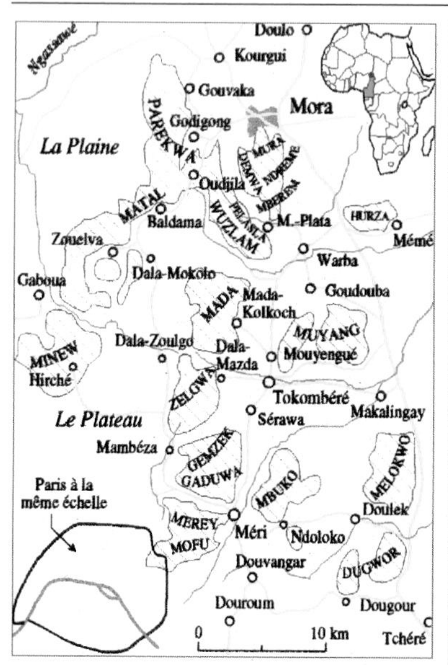

Dans les monts Mandara, en Afrique équatoriale (carte en haut à gauche), les langues de chaque massif, ou fragment de massif, se parlent dans des aires à peine plus grandes qu'un ou deux arrondissements de Paris, qu'une colline comme Montmartre ou Belleville... Depuis des siècles, on enlève ou échange des femmes mais les enfants ne parlent que la langue des pères.

Des langues aux dialectes

Si, d'une mer à l'autre, à l'intérieur d'une même espèce, les baleines ne se comprennent plus c'est simplement, comme pour les hommes, parce qu'elles ne parlent plus ensemble. Toute langue se dialectise à l'infini dans la mesure où les groupes porteurs se séparent et perdent contact entre eux. Pour que la langue reste une il faudrait que la communication soit maintenue. C'est ce qui est arrivé entre l'anglais et l'américain, le français et le québécois, qui ont, les uns et les autres, pu maintenir ces liens constants qui ont entravé les divergences amorcées. Liens que le néerlandais et l'afrikaans essaient, maintenant, de rétablir. Pour parler différemment, il suffit de se tourner le dos. Mais pour parler pareillement, il faut le vouloir.

La dialectisation, phénomène universel

La dialectisation, soit la fragmentation des ensembles linguistiques en sous-ensembles, est une tendance

universelle profonde, mais avec une force variable suivant les pays. Si elle est voulue et organisée dans les chefferies d'Afrique noire, elle opère spontanément dans toutes les langues, même toutes petites. En France les dialectes ont davantage résisté à l'intérieur des langues régionales, du fait, précisément, de l'absence de modèle enseigné pour ces langues : en breton, en occitan, en allemand d'Alsace-Moselle. Ce qui permet d'autant mieux de disqualifier ces langues en disant qu'elles ne sont que des dialectes... Ainsi du corse, taxé, un temps, de langue polynomique, c'est-à-dire à plusieurs normes. Les dialectes italiens, longtemps concurrents de la langue littéraire moulée sur le toscan, n'ont que récemment commencé à s'affaiblir dans un Etat peu centralisé. En revanche, dans les grands espaces couverts par la langue russe ou par l'américain, les

Dans les Mandara, les Demwa s'éveillent tranquillement sur leur montagne de granite et sortent des cases en chaumes de mil. A 2 ou 3 kilomètres de là, sur les mêmes collines, leurs frères Mberem, Ndreme ou Mura échangent leurs premières phrases en d'autres langues (tchadiques) tandis que, de l'autre côté du vallon, leurs cousins Wuzlam et Pelasla en font autant. Dans la plaine, à partir du chef-lieu de canton de Mayo-Plasla, les échanges passent par le fulfulde, langue (ouest-atlantique) des pasteurs Foulbé, parlée jusqu'en Guinée, 4 000 kilomètres plus loin; mais à Mora, la préfecture, à 4 kilomètres de l'autre côté de la montagne, règne le wandala, langue du sultan du Mandara. Les rares enfants qui descendent dans la plaine pour aller à l'école n'y apprennent que le français. Le français qui est aussi la langue des chaînes de radio nationales. Ce matin du 6 avril 1984, elles annoncent qu'un coup d'Etat militaire secoue Yaoundé, la capitale, à 800 km au sud, où tout naturellement les pourparlers et tractations entre les différentes parties se dérouleront en français.

dialectes sont moins sensibles, et on ne note pas de fragmentation en petites unités. Il semble, à vrai dire, que la fragmentation soit maximale dans les petites langues dépourvues de structures politiques propres : corse, basque, breton, frison, slovène en témoignent. Et même le romanche, bien que quatrième langue nationale de la Suisse, avec environ cinquante mille locuteurs, avait plus de quatre modèles différents. Les records de fragmentation sont atteints en Afrique noire, notamment dans l'aire bantoue, et, surtout, en Nouvelle-Guinée, avec les centaines de langues papoues. Dans ces deux cas, la taille moyenne des groupes ethno-linguistiques est de quelques milliers de membres. Et les peuples amérindiens, en voie d'extinction plus rapide, donnent une image encore plus impressionnante d'émiettement linguistique.

L'« esprit de clocher » – pour Saussure une donnée contraignante de la dynamique des langues – façonne bien d'autres comportements fondamentaux.

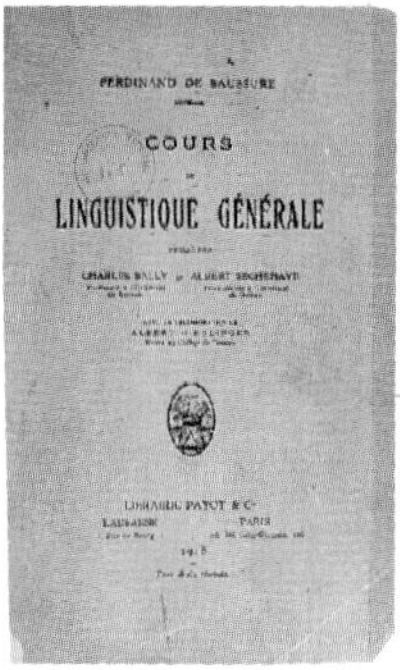

Saussure : divergences contre convergences?

Ce processus foncier de divergence, observable dans le monde entier, et à toutes les époques, est pourtant contrecarré par une tendance inverse, à la convergence, certes moins universelle, mais potentiellement présente partout.

C'est Ferdinand de Saussure, le père de la linguistique moderne, qui, dans son *Cours de linguistique générale*, a le premier montré deux forces antagonistes, l'une, particulariste, et l'autre, unifiante, perpétuellement à l'œuvre au sein des communautés linguistiques. La première, qu'il appelait «esprit de clocher», dans les langues livrées à elles-mêmes, poussant à un fractionnement dialectal indéfini. Et la seconde, qu'il nommait «force d'intercourse» tendant, sous l'effet du développement de la civilisation et des communications, à l'unification.

Finalement, Saussure reconnut que ces deux forces n'étaient que la manifestation d'un seul principe, l'unification, mais à des échelles différentes : la première force, s'arrêtant à un niveau étroitement régional, et la seconde, accédant au niveau suprarégional, l'esprit de clocher n'était «pas autre chose que la force d'intercourse propre à chaque région». Ce qui signifie que l'extension humaine et spatiale de chaque parler est comme animée par une dynamique sociale propre, qui le pousse à s'unifier dans un champ territorial donné, mais d'une ampleur très variable selon les cas. Et, ce que laisse entendre Saussure, c'est que cette ampleur territoriale est liée au niveau d'organisation, d'«intercourse», d'intercommunication, atteint par la société en question. Les sociétés archaïques ou traditionnelles, dominées par l'esprit de clocher, restent plus volontiers cloisonnées linguistiquement, communautairement et politiquement, tandis que l'histoire amène les sociétés avancées à se constituer en plus grands ensembles humains, linguistiques et nationaux. On comprend alors que les langues bantoues, papoues ou amérindiennes ne soient pas poussées à dépasser l'audience des chefferies, ou des bandes, qui les emploient. Et, à l'inverse, on mesure les efforts

La survie des langues régionales, comme de toute autre langue commence par les premières lectures des enfants (en bas, la collection «Mes premières découvertes»). En France, la création d'écoles maternelles en langues régionales revient à l'initiative privée d'associations culturelles – Diwan en Bretagne, Iskatola en Pays basque, Bressola, Arrels, Calendretta en Roussillon et Pays d'oc – qui en assurent la gestion. Seule la Corse, avec son statut particulier, voit sa langue promue d'un bout à l'autre du système scolaire public. En Alsace, un enseignement bilingue est assuré jusqu'au secondaire dans le meilleur des cas.

tenaces de certains Etats pour unifier le champ de variations possibles des grandes langues nationales et impériales.

Dialectes, langues, groupes de langues

L'opposition langue/dialecte mérite d'être éclaircie : dire que les dialectes sont des subdivisions de la langue ne suffit pas, car, dans cette pyramide d'ensembles et de sous-ensembles emboîtés, chère aux linguistes classificateurs – dialectes, langues,

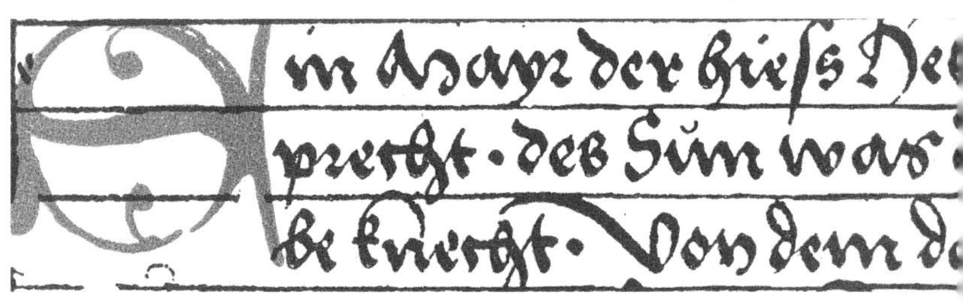

groupes de langues, branches et sous-familles, familles, phylums –, y a-t-il un critère qui permette de distinguer les deux premiers étages – du dialecte et de la langue – de tous les autres, et qui fasse que l'on ne puisse dire, sauf par métaphore, qu'il y a une «langue» picarde ou wallonne, ou bien que le français est un «dialecte» roman? Ce critère existe et est, en principe, admis : c'est celui de l'intercompréhension spontanée possible. Quand deux parlers, bien que distincts, sont compréhensibles entre leurs locuteurs, sans apprentissage spécial, mais par simple attention

Ci-dessous, fragment du manuscrit de Wernher der Gartenaere (XIIIe siècle) en dialecte alémanique, et carte postale patriotique, vers 1914, montrant les petits Alsaciens épris de langue française.

un peu poussée, on peut dire qu'il s'agit de dialectes d'une même langue. Mais s'il n'y a plus d'intercompréhension, alors nous sommes en présence de deux langues séparées.

La distance linguistique entre deux langues se mesure à l'accumulation des jugements de ressemblance phonétique entre les deux mots qui, dans chacune, désignent la même chose. Le résultat de ces opérations objectives, effectuées par des observateurs attentifs, précise les sentiments des intéressés et permet d'esquisser ces arbres généalogiques où les langues sont regroupées par familles, subdivisées en embranchements divers, ainsi que ces cartes dialectologiques où des lignes – les isoglosses – séparant les aires de mots distincts dessinent les aires dialectales qui subdivisent les aires linguistiques. Toutes ces images, produites par la science linguistique, donnent des idées précises sur la foisonnante diversité culturelle de l'humanité. Combien y a-t-il de langues dans le monde ou dans telle région, et combien chacune a-t-elle de locuteurs? A l'échelle du monde, personne ne peut répondre autrement que par des approximations, car seul un petit nombre de pays fournit des sources sérieuses d'inventaire et de dénombrement. Et, pour le reste, nous sommes tributaires d'évaluations encore très disparates.

En Allemagne, le dialecte (*Mundart*) est longtemps resté vivace, coïncidant avec la vieille division tribale (*Stämme*); mais les brassages postérieurs à 1945 l'ont affaibli. En Suisse et au Luxembourg, en revanche, il semble s'être renforcé, par opposition au haut-allemand d'Allemagne. Et le bas-allemand, des Pays-bas à la Flandre, a donné naissance au néerlandais, langue nationale distincte.

« Qu'est-ce qu'une langue ?
– Un dialecte qui a une armée et une marine », disait le maréchal Lyautey, dernier conquérant colonial français. De fait, si, parmi les milliers de langues encore vivantes, moins d'une centaine l'emportent graduellement mais irrésistiblement, en prestige, en production écrite ou audiovisuelle, en adoption spontanée, c'est bien parce qu'elles sont des langues d'Etat.

CHAPITRE V
LA GÉOPOLITIQUE DES LANGUES

En 1981, cours du soir de tibétain, pour adultes, organisé par le Comité des Tibétains de Lhassa. Ci-contre, affiche d'une campagne basque invitant, en 1988, à boycotter les produits venant de France.

Langues dominantes, langues dominées

Le prestige d'une langue peut être investi dans l'action humanitaire (ci-dessous, la Croix Rouge en Ethiopie)

Le paysage géopolitique des langues, à l'échelle planétaire est, à l'aube du XXIe siècle, très clair dans sa hiérarchie. Sur un humus, encore largement indistinct, de plusieurs milliers de parlers maternels (soit autochtones des sociétés archaïques ou régionales marginalisées; soit d'« origine », des masses migrantes déracinées, qui ne sont pas toutes identifiées ni dénombrées), s'élèvent une petite centaine de langues d'Etat : une trentaine d'Europe, autant d'Asie (dont la moitié en Inde), de six à vingt d'Afrique, peut-être trois d'Amérique et, au mieux, deux d'Océanie.

Parmi ces langues d'Etat, plusieurs catégories sont à distinguer : d'abord la douzaine de langues internationales, c'est-à-dire dont le rayonnement dépasse les limites d'un Etat, avec, parmi celles-ci, les langues d'Etats distribués sur plusieurs continents. On pense à l'anglais, présent sur tous les continents avec, à côté de lui, le français, toutes deux langues de travail des organisations internationales. Viennent ensuite trois langues d'une intercontinentalité réduite aux deux rives de l'Atlantique : l'espagnol, le portugais et le néerlandais. Et enfin, sept autres langues ont une diffusion par proximité, limitée à des Etats d'une seule région, ce qui leur confère aussi un caractère international. C'est l'arabe, le russe, le chinois, l'allemand, le turc, l'indonésien-malais et le swahili. Toutes les autres langues nationales ne sont pratiquement propres qu'à un seul Etat, avec, au premier rang, le japonais, l'italien ou le hindi. Et, enfin, sous l'ombrage des langues d'Etat, internationales et nationales, on voit accéder à la croissance certaines langues régionales, qui tentent d'émerger çà et là.

Au Nigéria, lecture de la presse... en anglais, bien que les trois principales langues du pays – haoussa, yoruba et ibo – aient chacune plus de 25 millions de locuteurs et soient écrites depuis longtemps.

La guerre des langues

Ce paysage linguistique planétaire, comme la végétation de la jungle, présente donc plusieurs niveaux : grandes langues internationales dominant la forêt des langues nationales, elles-mêmes recouvrant quelques buissons de langues régionales, mais toutes issues de l'humble tapis des innombrables parlers locaux. Là aussi, la situation n'est jamais figée Certaines langues locales ou régionales peuvent émerger et devenir langues nationales, ou même internationales, telles l'indonésien-malais et le swahili, tandis que beaucoup de langues mineures sont condamnées à disparaître par la

Dans le sud du Soudan, en 1949, des enfants de l'ethnie bari, comptant 300 000 membres apprennent à l'école de plein air leur langue écrite en caractères latins.

modernisation qui favorise les langues d'Etat. Entre langues d'Etat, la compétition existe aussi : chacune doit défendre son champ contre les empiétements des langues internationales, dans leur vocabulaire (le franglais...), leur production scientifique ou littéraire (l'attrait de rédiger directement dans une langue à grande diffusion), voire dans les activités institutionnelles internes (pénétration comme langues auxiliaires).

La guerre des langues ne connaît pas de trêve. Elle est menée par les Etats qui promeuvent leur expression propre, à leurs frontières, aux dépens de celle de leurs voisins, de leurs minorités internes comme de leurs dépendances extérieures. Elle est subie et pratiquée par les populations qui sont amenées à choisir à différents niveaux, privilégiant les formes de l'avenir par rapport à celles du passé, celles du progrès par rapport à celles de la tradition. Ou, tout au moins, parmi celles jugées ou présentées comme telles. Perpétuellement, dans le cerveau des individus, comme dans la pratique des groupes, l'érosion et l'abandon de certains parlers s'effectuent au profit de l'extension de certains autres. C'est ce que le linguiste Louis-Jean Calvet

Le quechua est, avec le kurde et le berbère, l'une des plus grandes langues minorisées. Jadis langue de l'Empire inca, puis « langue générale » des missionnaires, elle est parlée, de la Bolivie au Pérou et à l'Equateur, par la majorité des populations amérindiennes, et a même été proclamée langue nationale du Pérou, ce qui n'empêche que l'enseignement ne passe que par l'espagnol (ci-dessous, dans une école péruvienne).

a appelé la «glottophagie», la consommation des langues mineures par les langues majeures. Chacun, de nos jours, sait ce que signifie le génocide. L'ethnocide est plus doux, et bien plus pratiqué. Il consiste, tout en maintenant une population en place et en vie, à l'entraîner résolument dans un processus d'acculturation qui efface les marques de sa culture d'origine : religion, mœurs, langue. C'est ce qui, depuis la découverte de l'Amérique, fut pratiqué plus ou moins brutalement et totalement, par tant de systèmes coloniaux. Le linguicide est un des piliers de l'ethnocide : il vise à l'éradication de la langue du peuple dominé, en refusant de l'utiliser, de la développer et de l'enseigner. Le plus sûr moyen étant toujours d'en enseigner une autre, celle de l'Etat, naturellement, à la place de celle de la population.

Le développement des langues

Dans cette situation universelle de guerre des langues, de glottophagie généralisée, de linguicide cauteleux et d'acculturation administrative aux sociétés dominantes, la survie des langues menacées ne dépend que de leur capacité à se promouvoir elles-mêmes. C'est-à-dire à s'approprier les techniques de l'aménagement linguistique utilisées par les langues institutionnalisées. Tout aménagement linguistique conséquent vise à la fois le statut (*status*) et le corpus de la langue. Le statut d'une langue est sa place dans l'Etat – officielle, nationale, régionale, ou ignorée –, avec la gamme des mesures qui en découlent, depuis l'utilisation, ou non, dans l'administration et l'enseignement, jusqu'à l'interdiction pure et simple

Quand Joachim du Bellay écrit la *Défense et illustration de la langue française* (1549, page de droite), il vise à la mettre à égalité avec le latin, en l'enrichissant de mots forgés à partir de racines grecques et latines, d'emprunts à la langue populaire ou technique, etc. Puis viendra Malherbe (1555-1628), qui déclarait que ses maîtres en langage étaient les crocheteurs du Port aux foins, puis l'Académie (en 1635), tandis que Descartes, avec *Le Discours de la méthode* (1637), fait entrer le français dans l'expression philosophique et scientifique. Et la Bibliothèque royale, qui depuis des siècles accumule les manuscrits, s'ouvre, après Louis XIII, aux imprimés, donc à la langue vulgaire, et deviendra la Bibliothèque nationale (à droite, la salle de lecture).

d'usage public ou même privé. Le corpus d'une langue est l'ensemble de l'appareil scientifique et littéraire disponible pour son utilisation publique à tous les niveaux : existence ou non d'une littérature orale ou écrite répertoriée, normes admises et connues de prononciation, de syntaxe, de vocabulaire, d'orthographe, avec définitions et traduction, le tout sous une forme accessible, publiable, diffusable. Chaque langue a une position définie entre les langues encyclopédiques, dont les formes sont savamment analysées, et dont le savoir s'accumule depuis des siècles dans les bibliothèques, et les langues restées au stade oral, dont personne n'a étudié les formes et variations, ni relevé le lexique, ni inventorié ni fixé les dits et savoirs : contes, légendes, sentences et sagesses, ethnosciences (ethnobotanique, ethnozoologie, pharmacologie, etc.).

Les langues qui ont réussi leur développement

Pour chacune, les étapes du nécessaire développement linguistique sont connues. Elles supposent d'abord l'adoption d'un statut défini dans une aire donnée d'application, l'attribution de moyens conséquents, budgétaires comme en hommes et en services, et une planification des efforts. Elles passent, au niveau du corpus, par la fixation de normes d'écriture, le choix

Le rayonnement extérieur d'une culture passe d'abord par la traduction de ses œuvres en d'autres langues, puis par la diffusion de la langue émettrice, permettant l'accès direct aux œuvres originales. Mais le volume des traductions en langues étrangères reste toujours plus important. Page de gauche, quelques traductions de « Découvertes Gallimard ».

LA DEFENSE ET ILLVSTRATION DE LA LANGVE FRANCOISE.
AVEC
L'Oliue de nouueau augmentee.
La Musagnœomachie.
L'Anterotique de la vieille & de la ieune Amie.
Vers Lyriques, &c.
LE TOVT
PAR IOACH. DV BELLAY ANG.
A PARIS,
De l'Imprimerie de Federic Morel, rue S. Ian de Beauuais, au Franc Meurier.
M. D. LXI.
AVEC PRIVILEGE DV ROY.

d'un alphabet et de conventions de transcription graphique, l'énonciation des règles grammaticales, et la publication de lexiques, syllabaires et manuels divers d'enseignement, d'encyclopédies et de livres de textes originaux, plus la traduction de textes étrangers. Tout développement linguistique requiert le travail d'institutions académiques appropriées et motivées, ainsi que, simultanément, la formation d'un personnel enseignant qualifié, l'aménagement des programmes scolaires appuyé par la sensibilisation et la coopération des populations.

C'est ce que, les uns après les autres, tous les Etats d'Europe et d'Asie ont réalisé, spontanément et résolument, en faveur de leur langue, reconnue comme symbole de l'existence de leur nation. C'est ce que les Etats d'Afrique, d'Amérique et d'Océanie hésitent à entreprendre pour leurs langues autochtones, invoquant l'ampleur de la tâche à accomplir, face à d'autres priorités de développement... C'est, quand même, ce qu'entre autres, la Turquie d'Atatürk, Israël, l'Inde et l'Indonésie ont décidé et mené à bien, en faisant du turc, de l'hébreu, du hindi et de l'indonésien-malais des langues au vocabulaire adapté au monde moderne et ayant leur place dans toutes les administrations, les écoles et les médias. En mettant au travail sur un programme

impératif académies, universités, maisons d'édition et ministères.

Le droit à la diversité

La diversité des langues est bien plus grande que la diversité des Etats. C'est là un fait brut et fondamental de notre humanité. La tendance, pendant quelques siècles, a été d'ajuster la diversité politique à la diversité linguistique : cela a donné le mouvement des nationalités et l'apparition des Etats-nations d'Europe et d'Asie, chacun étant le porte-parole d'une ethnie, et visant à fonder son unité territoriale sur l'autonomie de sa langue. Parallèlement, s'affirma la tendance, inverse, mais issue de la même logique, à réduire les diversités linguistiques résiduelles, en faisant coïncider la pratique d'une langue avec le territoire de la nation. Les minorités, régionales ou frontalières, devaient être effacées et se sacrifier sur l'autel de l'unité nationale et de la raison pratique. C'est le modèle jacobin français, qui avait son digne équivalent dans les pratiques monarchiques espagnole, anglaise, prussienne et russe.
Ce mode d'homogénéisation linguistique, de réduction autoritaire de la diversité, est aussi le mode, choisi, sans phrases inutiles, par la plupart des Etats du Sud, qui propagent, par économie de moyens, la seule langue de l'ancien colonisateur. En honorant parfois les parlers locaux du titre de langues «nationales», mais tout en décourageant leur usage et leur développement, suspects de favoriser le «tribalisme».

Des convivialités heureuses?

La Suisse, trilingue avec bonheur depuis des siècles, ne s'est émue qu'en 1996 de la quasi-disparition de sa quatrième langue nationale, la seule propre à son territoire, le romanche. La Belgique a attendu 1994

Toute nation moderne tend à renforcer son identité grâce à une expression linguistique propre; Mustapha Kémal Atatürk (en bas, donnant lui-même une leçon d'écriture en public) décrète le remplacement des caractères arabes par l'alphabet latin. En même temps, l'académie turque, dans le vocabulaire, remplace les mots et racines arabes par leurs homologues turcs et fait des emprunts massifs aux langues européennes. Avant même que l'Etat d'Israël soit créé, les colons juifs en Palestine décident de refaire de l'hébreu (ci-contre, écriture hébraïque) une langue vivante inculquée à tous les nouveaux citoyens. Eliezer ben Yehouda, père de l'hébreu moderne, dont la langue maternelle était le yiddish, arriva en Palestine en 1881, et décida alors de ne plus parler et écrire une autre langue que l'hébreu. Son fils aîné, né en 1883, n'entendit qu'elle seule.

pour asseoir son bilinguisme, devenu trilinguisme, sur un statut politique équilibré. Le Canada a refusé de reconnaître politiquement le Québec comme « une société distincte ». La Finlande est, sans doute, le seul Etat qui a offert une parité réelle à deux langues, dont l'une, le suédois de l'ancien dominateur, n'est plus parlée que par six pour cent de sa population. L'acceptation de la diversité linguistique progresse, en Europe, dans les esprits et les mœurs, par le biais de l'unification économique et politique en cours. Quand chaque Européen reçoit un passeport en douze langues, la discrimination à l'encontre des parlers régionaux paraît quelque peu obsolète. Et l'on peut voir, sans effroi ni scandale, se généraliser les panneaux indicateurs bilingues occitan-français ou breton-français, ou espagnol-catalan et espagnol-basque, anglais-gallois, etc.

Les précédents d'Etats multilingues heureux ne sont encore guère nombreux. La tentative « multinationale » soviétique n'a abouti, finalement, qu'à la sécession des grands peuples périphériques.

La Chine, dite pareillement multinationale, est encore moins multilingue, à voir le peu de cas fait de la culture et de la langue tibétaines. C'est l'Inde qui paraît, en fin de compte, le pays où la diversité est le mieux reçue, sur le plan de la langue comme en d'autres domaines. Avec, maintenant, dix-huit langues «constitutionnelles», chacune officielle dans certains de la trentaine d'Etats linguistiques (et de territoires), découpés en fonction de la géographie de ses principales ethnies, l'Inde, qui n'a jamais songé à se porter en modèle, peut faire réfléchir.

Passeport français dans les dix langues de la Communauté européenne des douze (page de gauche) en attendant celui en treize langues de l'Union des quinze. Ci-dessous, billet de banque finlandais portant mention dans les deux langues officielle du pays : finnois et suédois.

Car, de même qu'il est des peuples plurilingues comme les Suisses et les Indiens, il est des langues communes à plusieurs peuples : l'exemple du serbo-croate est maintenant suffisamment connu. L'erreur, partout, est de vouloir contraindre les populations à cadrer avec certains schémas simplificateurs.

ГОСУДАРСТВЕННЫЙ
КАЗНАЧЕЙСКИЙ БИЛЕТ СССР
5
ПЯТЬ РУБЛЕЙ
1961
ПЯТЬ
5
1000
ΤΡΑΠΕΖΑ ΤΗΣ ΕΛΛΑΔΟΣ
1000
ΔΡΑΧΜΕΣ ΧΙΛΙΕΣ
1000
Central Bank of Egypt
20
TWENTY POUNDS
20

Les billets de banque aujourd'hui, comme les pièces depuis des millénaires, fournissent les images les plus courantes du pays, de sa langue et de sa culture. Images que chacun manie sans plus les voir, et qui peuvent étonner l'étranger ou le dérouter, s'il ne sait lire leurs lettres, ni, surtout leurs chiffres… Chiffres, alphabets, styles, langues, emblèmes politiques, religieux et historiques, grands hommes, animaux, paysages, toute une écriture et une iconographie familières aux uns, inconnues des autres, et qui reflètent le régime politique, la vitalité économique de la nation en question. Tout un code qui réclame d'être déchiffré. Avec le timbre-poste, le billet de banque et la pièce de monnaie restent les vecteurs les plus synthétiques, les plus marquants et les mieux diffusés de toute iconographie ou symbolique nationale, et de la langue qui, par essence, l'exprime. De la page gauche à la page droite et de haut en bas : billets russe soviétique, grec, égyptien (envers et avers), belge, danois chinois, algérien et hongrois.

Les langues, produits des sociétés, évoluent avec elles, s'enrichissent de leurs accomplissements, et voient leur audience s'élargir au gré de leur extension territoriale et humaine. Mais, nées avec les sociétés qui les forgent et qu'elles expriment, les langues peuvent être aussi entraînées par leur déclin, suivre leurs mutations ou partager leur disparition. Tout comme une société, tel un organisme vivant, naît, grandit, décline et meurt, une langue aussi connaît les phases de gestation, croissance, disparition et fossilisation.

CHAPITRE VI

VIE ET MORT DES LANGUES

Ecriture hiéroglyphique du rongorongo de l'île de Pâques qu'un chercheur néo-zélandais a déchiffré en 1996. Ci-contre, affichage bilingue franco-chinois, à Paris dans le XIIIe arrondissement.

Langues classiques et langues mortes

Moins d'une dizaine de langues mesurent leur vie, et leur survie, sur plus de deux millénaires : égyptien, sanskrit, chinois, hébreu, grec, iranien, latin, tamoul. Ce sont là les records absolus de longévité linguistique et de continuité nationale. La plupart des autres langues aujourd'hui vivantes des autres nations et des grands Etats datent, au mieux, d'un millénaire. Il semble bien que le millénaire soit l'unité moyenne de durée de vie pour les langues de culture, comme pour les grands peuples et les empires. Sans compter les phases de survie, comme « en conserve », en tant que langues classiques, religieuses et de référence, pour

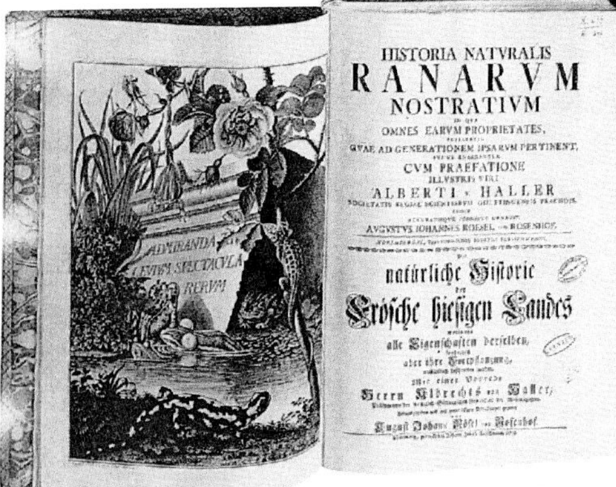
HISTORIA NATVRALIS
RANARVM
NOSTRATIVM
OMNES EARVM PROPRIETATES,
QVAE AD GENERATIONEM IPSARVM PERTINENT,
CVM PRAEFATIONE
ALBERTI HALLER
AVGVSTVS IOHANNES ROESEL
natürliche Historie
Frösche hiesigen Landes
alle Eigenschaften derselben,

des civilisations entières. La durée de vie des langues ordinaires est donc brève, et leur mortalité est grande. Innombrables sont les langues disparues, comme les peuples qui les parlaient, et souvent sans laisser de traces. Submergées par la conquête, abandonnées pour la langue des vainqueurs, fondues avec elle, dévalorisées, délaissées, oubliées. Les chemins de l'histoire sont pavés de tombes de peuples, de cultures, de langues : pélasge, étrusque, ligure, illyrien, ibère, gaulois, picte, thrace, dace, scythe, sarmate, etc., rien qu'en Europe. Les langues historiques, par définition langues écrites, surnagent sur une succession inconnue de langues sans histoire, sans littérature écrite, ni épigraphie.

Fragments de l'*Iliade* gravés sur des tables homériques, sans ponctuation aucune comme il se doit en grec antique (page de gauche, en haut). En bas, l'*Histoire naturelle des grenouilles* de Johann Rösel von Rosenhof, publication (1758) en latin et en allemand (écrit en alphabet gothique).

Ci-dessus, l'unique inscription bilingue latino-étrusque, trouvée à Pesaro (Italie), mais dont la traduction est encore controversée, tant l'étrusque, si peu écrit, reste si mal traduit.

Langues disparues et menacées d'extinction

Ne serait-ce qu'au cours des trois derniers siècles en Europe, ont disparu le dalmato-roman, le goth de Crimée, le polabe, le vieux prussien et le jatwige, et deux langues celtes, le cornique, au XVIIIe siècle, et le mannois, au XXe. Et, dans cette même Europe, les langues en voie d'extinction sont plus nombreuses encore, avec en premier lieu l'irlandais, encore parlé au siècle dernier, comme langue première, par plus

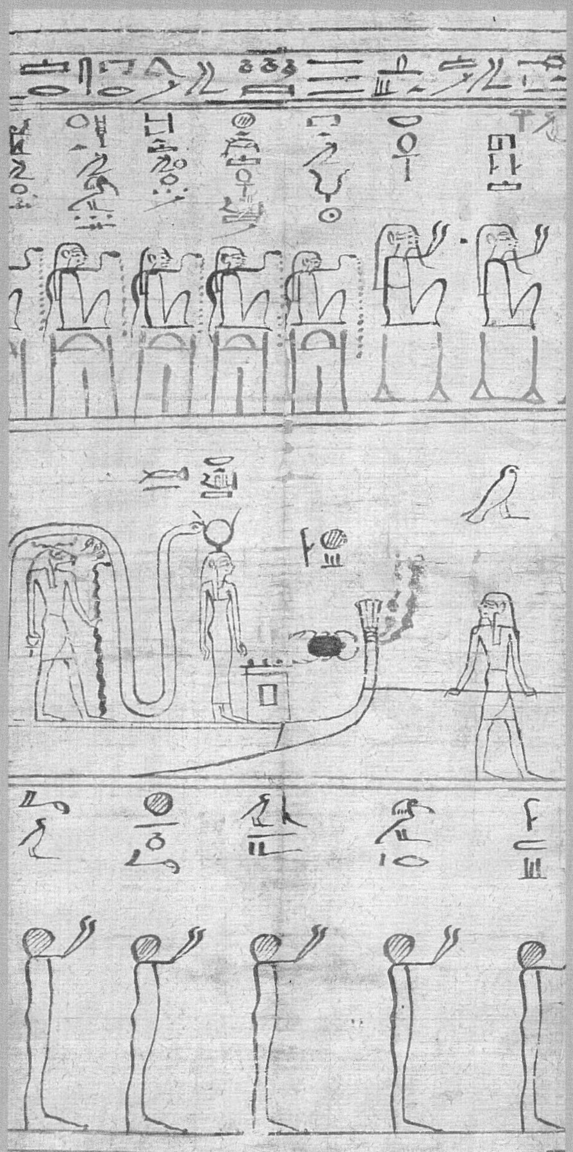

Les langues dites mortes vivent toujours puisqu'elles vivent dans d'innombrables textes que nous lisons et citons, et qui nous éclairent et nous ravissent encore. Page de gauche, en haut : briques cunéiformes trouvées à Suze; en bas, manuscrit de l'Inde du Sud du XVIIIe siècle en sanskrit. Page de droite, papyrus d'Ankhaniset, le Livre de l'Andouat. L'évolution des systèmes d'écriture a été commune : des pictogrammes, images matérielles (ci-contre, les hiéroglyphes), aux idéogrammes, symboles de concepts (comme les caractères chinois), aux phonogrammes, notations de sons d'abord en systèmes syllabiques avec un signe par syllabe (ici, le sanskrit), puis alphabétiques avec juxtaposition des voyelles aux consonnes. Certes, les grandes langues de culture ne sont pas mortes mais il y a toujours des langues qui meurent. Ce sont toutes celles des petites ethnies des sociétés traditionnelles, qui ne sont ni écrites, ni inventoriées, ni traduites, ni souvent même connues des spécialistes. Mortes ou condamnées à mort sont toutes les langues non enseignées.

de la moitié des habitants de l'île, et qui, de nos jours, n'est langue maternelle que d'environ deux pour cent d'entre eux. Quant au breton, depuis l'«Union» («d'égale à égale») de la Bretagne et de la France, au XVIe siècle, rien ne fut fait pour qu'il vive, et, depuis 1789, tout fut fait pour qu'il meure.

Que dire, alors, des milliers de langues d'Afrique, d'Asie, d'Océanie, d'Amérique abandonnées à elles-mêmes, à leur triste sort, qui risquent d'être méconnues comme le furent celles qui les précédèrent? Parmi les milliers de langues encore vivantes dans le monde, l'immense majorité est condamnée à disparaître à court terme.

Car, hors la vingtaine de grandes langues de civilisation, seule une soixantaine d'autres langues nationales sont établies de nos jours comme langues officielles et d'enseignement des moins de deux cents Etats indépendants existants. Toutes les autres n'ont guère d'espoir d'être promues. Sauf la petite catégorie des langues émergentes, des langues non pas forcément nouvelles, comme le sont les créoles, mais qui

En Irlande, le gaélique, combattu par l'anglais depuis la conquête du XIIe siècle et ravalé au niveau de langue orale, envahit les murs de son écriture particulière, pour rappeler l'histoire nationale.

tentent de se faire une place au soleil, à côté de leurs aînées, et d'accéder à un rôle officiel.

Les langues émergentes

Au XXe siècle, les Afrikaners, fils des Boers, se sont attachés à promouvoir l'afrikaans; les Tanzaniens et leurs voisins, le swahili; les Indonésiens et Malais, l'indonésien-malais. En Europe, le catalan, le basque et le gallois ont reconquis droit de cité, comme l'avaient obtenu l'ukrainien, le biélorusse, le slovaque, le macédonien ou le féroien; et le romanche s'essaie à justifier sa franchise nouvelle acquise en 1996. En Amérique, et au Kalaalit Nunaat (Groenland), les Inuits voient reconnaître leurs droits linguistiques comme territoriaux; dans la Caraïbe, le créole haïtien et le papiamentu de Curaçao font une percée; en Amérique du Sud, le quechua et le guarani sont, très théoriquement, reconnus par le Pérou et le Paraguay. Dans l'océan Indien, le malgache et le créole seychellois traversent les grains des indépendances. Et il n'est pas jusqu'au Maroc et à l'Algérie qui ne reconnaissent

En France, le linguiste Ferdinand Brunot, auteur de la monumentale *Histoire de la langue française*, en treize volumes, lance en 1911, à travers les provinces, des expéditions combinant les nouvelles techniques de l'enregistrement sonore, de la photo et de l'automobile, pour ramener à la Sorbonne les matériaux des *Archives de la parole*.

UNIVERSITÉ DE PARIS
ARCHIVES DE LA PAROLE

théoriquement le berbère, sans oublier l'Irak qui prétend laisser place au kurde dans ses montagnes.

Mais, pour chaque langue, l'émergence hors de la simple oralité ancestrale n'est ni un cadeau, ni une grâce, c'est un combat lent et constant contre la facilité d'utiliser les langues déjà en place et pour se doter de tous les outils de la modernité : normalisation et littérisation, lexiques et manuels, corps enseignant et aménagements scolaires, législation protectrice, production de livres, de journaux, etc.

L'indo-européen et la découverte des parentés

Les langues forment, selon les linguistes, de grandes familles couvrant les continents et le monde. Cette conception est assez récente. A l'âge classique, on

En haut page de droite, réfugiés kurdes d'Irak à Isikveren en Turquie, où, jusqu'à une date récente, parler kurde en public était passible d'amende. Quant au quechua, parlé par 15 millions d'Amérindiens, dont 12 au Pérou (la moitié de la population), sa tradition est exclusivement orale. Et même si elle reste la langue maternelle des petits Quechuas (ci-dessous), l'espagnol est obligatoire à l'école..

reconnaissait les langues romanes, germaniques et slaves... et leurs similitudes. Mais quel ne fut pas l'étonnement des premiers philologues européens visitant l'Inde, au XVIIIe siècle, que d'y découvrir deux langues, le sanskrit et le persan, qui avaient manifestement une parenté profonde, lexicale et de structure syntaxique, avec le grec, le latin, le gothique et le slavon, toutes semblant donc descendre d'un ancêtre commun. L'indo-européen était pressenti, et, de là, naquirent des analyses savantes mais aussi, à la suite de la découverte des Aryens, les cavalcades de mythes et de rêveries sur le berceau originel, les invasions, conquêtes et suprématies, sur les antériorités et les supériorités. Archéologues, grammairiens, philosophes, anthropologues, historiens, explorateurs, diplomates et aventuriers chevauchaient les millénaires, les steppes, les épopées.

La grande famille indo-européenne est un fait linguistique et de civilisation fort, perdurant sur quatre millénaires. Crée-t-il, pour

Ci-dessus, dents de morse que les Inuits de Velen, sur la rive sibérienne du détroit de Béring, ont gravées de scènes de leur vie quotidienne. Etant 1704 en Russie (chiffre de 1989), dont 880 parlant leur langue à titre maternel et 55 à titre secondaire, les Inuits sont 33000 en Alaska, 20000 au Canada – où le territoire de Nunavut («Terre du Peuple») a été créé pour eux en 1991 – et 40000 au Kalaalit Nunaat (Groenland), autonome depuis 1979, et où leur langue, l'inuktitut, est officielle à côté du danois.

Sudsaharien

Nilo-saharien
Niger-congo
Khoï-san

Afro-asiatique

Déné-caucasien

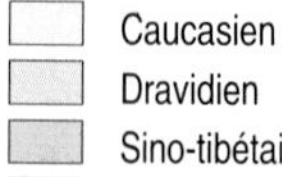
Caucasien
Dravidien
Sino-tibétain
Na-déné

Sud-est asiatique
Thaï
Austro-asiatique
Austronésien
Indo-pacifique
Australien-aborigène

Eurasiatique
Indo-européе
Ouralien
Altaïque
Coréen
Japonais
Paléo-sibérie
Eskimo-aléou

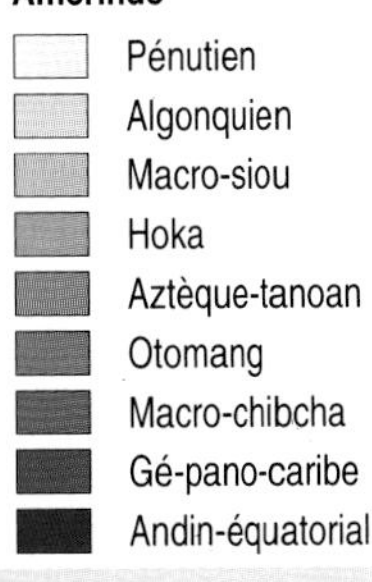

On reconnaît dans le monde vingt-neuf principales familles de langues. Elles sont représentées ici chacune par une teinte propre, suivant un tracé schématique qui permet de visualiser leur distribution simplifiée à travers les continents, dans leurs espaces d'origine (sans tenir compte de la pénétration des langues européennes en Amérique, Australie, etc.). La multiplicité de ces familles apparues et stabilisées à l'époque historique reflète de loin les parentés préhistoriques que l'école comparatiste contemporaine, représentée par Merritt Ruhlen, s'efforce de mettre en parallèle avec la génétique des populations (de la même façon que L. Cavalli-Sforza). Selon ces interprétations, la trentaine de familles ci-contre peuvent être regroupées en six macro-familles (ici mises en valeur par des teintes proches), issues d'une souche commune qui serait la «langue mère». Ainsi neuf de ces familles appartiennent indubitablement à la macro-famille amérinde. Il est possible que l'expansion de la macro-famille eurasiatique ait entraîné la fragmentation d'un ensemble déné-caucasien, allant du basque au nord-canadien en passant par le sino-tibétain...

L'ARYEN

SON ROLE SOCIAL

COURS LIBRE DE SCIENCE POLITIQUE

PROFESSÉ A L'UNIVERSITÉ DE MONTPELLIER

(1889-1890)

autant, de nos jours, un quelconque sentiment collectif ou de solidarité? On peut en douter. La communauté des langues, vocabulaires et grammaires indo-européens existe à l'évidence comme sujet d'étude, mais les peuples indo-européens se sentent-ils, se représentent-ils, comme une réalité? Apparemment non. Les parentés linguistiques, indiscutables et fortement explicitées par les linguistes, n'induisent pas nécessairement un sentiment de parenté entre peuples et nations. L'origine génétique commune est un mythe évidemment faux, que dément l'observation courante des types physiques divers dans un même ensemble linguistique. Et l'histoire, qui a créé et maintenu ces grandes communautés ethno-linguistiques sur le long terme, a suscité tant de conflits de proximité sur le court terme que les lointains liens familiaux ont été distendus ou estompés entre les sociétés actuelles.

Alors, si les autres familles de langues, prouvées par les linguistes, apparaissent pareillement excitantes pour l'esprit scientifique, elles ne semblent qu'exceptionnellement soulever l'émotion ou les passions des peuples.

Parentés génétiques et par alliance : contacts de langues

L'organisation de la francophonie a, certes, fait école sur la lusophonie, la néerlandophonie et la turcophonie, mais les rapports de voisinage et de communauté de civilisation sont infiniment plus ressentis que les lointaines similitudes de langues, ou que les écarts morphologiques entre langues

Les Aryens, frères jumeaux des Iraniens, envahissent l'Inde, au IIe millénaire avant notre ère, y introduisant le sanskrit d'où naîtront les langues indo-aryennes. Indo-aryen et indo-européen sont des termes linguistiques, et culturels regroupant aussi des idéologies et des pratiques sociales que Georges Dumézil (ci-dessous) a passé sa vie a élucider. L'erreur de Gobineau comme de Vacher de Lapouge (en haut, frontispice de son cours) est de confondre à travers le temps et l'espace les données de la linguistique et celles de la génétique, ouvrant ainsi la voie à la pensée raciste.

géographiquement proches. Ainsi, toutes les populations de l'Inde ont conscience de relever d'un même ensemble culturel et national, par-delà la diversité de leurs langues provenant de quatre familles différentes – dravidienne (autochtone), indo-européenne, tibéto-birmane ou du Sud-Est asiatique – ou de leurs types physiques, blancs, noirs ou jaunes, qui, en chaque cas, pourraient les apparenter à des ensembles humains d'autres parties du monde.

Le Cercle de Prague, qui rassembla, dans l'entre-deux-guerres, des linguistes venant de toute l'Europe danubienne et de bien au-delà, avait mis en lumière l'importance des contacts horizontaux entre langues de familles diverses qui peuvent créer des sortes de confédérations de langues géographiquement voisines, mais génétiquement distinctes. La perspective de la transmission par ondes (*Wellentheorie*) a, depuis lors, pas mal corrigé et complété celle, plus classique, de l'arbre généalogique (*Stammbaumtheorie*).

La langue parlée au XVIe siècle, déjà très proche de la nôtre (ci-dessous), diffère par l'écriture, non encore soumise à nos règles orthographiques, et par certaines oppositions entre tournures polies et familières. Le succès du film *Les Visiteurs* s'explique par la force de l'anachronisme.

MADAME, je vous raime tan,
Mais ne le dite pa pourtan ;
Les musaille on derozeille.
Celui qui fit les gran merveille
Nous doin bien to couché ensemble,
Car je vous rayme, ce me semble,
Si fort que ne vou lore dize,
Et vous l'ày bien voulu escrize
Afin de paslé de plu loing.
Pensé que j'avo[illegible]ing
De deveni si

L'évolution permanente de toute langue

Le fait fondamental des situations de langue est qu'elles ne sont jamais statiques : l'évolution est constante, entraînée par une dynamique interne et influencée par de perpétuels apports extérieurs. Les usages oraux se modifient rapidement et les modes écrits finissent par suivre. C'est l'aspect «génératif» du langage. De génération en génération, de siècle en siècle, chaque langue suit son chemin propre. Les linguistes observent les transformations des systèmes phonologiques ou morphologiques, dont ils définissent les possibles règles. Mais les évolutions réelles sont propres à chaque société, chaque peuple, chaque situation historique.

Sur dix siècles, temps moyen de vie d'une langue, le parler se transforme suffisamment pour devenir incompréhensible. Les difficultés rencontrées pour lire la *Chanson de Roland* ou les fabliaux du Moyen Age illustrent ce fait pour tous les petits Français. La tentative de reconstitution expérimentale, en 1989 au Centre Georges-Pompidou, à Paris, des français parlés

Des murs de Pompéi jusqu'à ceux d'aujourd'hui, les graffitis sont omniprésents et aussi divers : toute langue, toute graphie, tout style, tout langage peut y paraître et interpeller le passant. Jusq'au «tag» bien léché, bien fini, dont on ne sait s'il s'agit d'une fière signature ou d'un appel de détresse.

par Louis XIV, Villon, Jeanne d'Arc, etc, permettait à chaque auditeur de mesurer l'évolution de sa langue par rapport à celles de ses aïeux, les percevant presque comme des langues étrangères. Cette évolution, en dépit du conservatisme de certaines autorités académiques, ne peut jamais s'arrêter. Modes nouvelles et normes anciennes sont en concurrence partout, dans le discours interindividuel, comme dans celui des médias ou, même, des institutions, et bien grand clerc serait celui qui pourrait prévoir l'évolution des créoles, des pidgins, des français d'Afrique ou du parler de nos banlieues, comme, aussi bien, celle des grandes langues établies.

Les murs de nos villes tendent à être les vitrines de l'évolution de la langue; ils affichent les nouvelles tournures nées de nouveaux usages, car enfin chaque langue est prise dans des cycles d'échanges avec les autres.

Sauvegarder la diversité des langues et des cultures

La menace d'une diminution de la diversité linguistique de l'humanité peut être comparée aux dangers de réduction de la biodiversité, contre lesquels le sommet de Rio en 1992 a alerté l'opinion mondiale et a essayé de mettre en place des dispositifs de lutte. Ces deux phénomènes sont, non seulement analogues, mais liés, car bien des ressources naturelles, végétales ou animales, menacées de disparition ne sont encore connues et répertoriées que dans les langues de populations dites primitives, mais qui en ont expérimenté l'usage. Or ces langues et ces savoirs étant aussi menacés que les espèces elles-mêmes, toutes les ressources nutritives, médicinales ou autres, reconnues par les sociétés traditionnelles, risquent fort de disparaître ensemble, emportées par l'ignorance de la société industrielle et de ses grandes langues de culture.

TÉMOIGNAGES ET DOCUMENTS

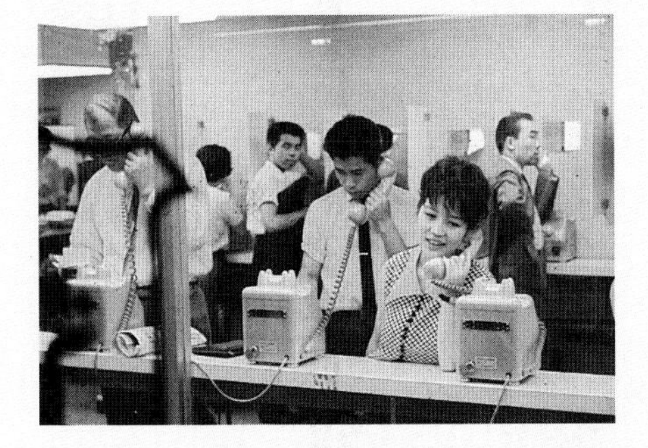

Langage et langue
langue et échange
langue et communication :
l'humain, être social et parlant

Les premiers dialogues parents-enfants

Les parents, de façon instinctive, modifient le style et le contenu du langage adressé à l'enfant, au fur et à mesure que l'enfant grandit. Cependant, les parents n'enseignent pas la langue à leurs enfants; ils leur communiquent une langue, un modèle linguistique et culturel sans lequel les capacités innées pour le langage ne pourraient se développer.

Figure montrant les similitudes d'intonation dans différentes langues pour des vocalisations d'approbation, d'interdit, d'attention et de réconfort entre des mères et des enfants âgés d'un an.

Oui, bravo, bébé...

Depuis toujours, les mères parlent à leurs bébés avec une voix modulée par l'affection et l'attention. Ainsi, elles engagent cet enfant, encore immature et inexpérimenté, dans une relation de communication. On sait maintenant, grâce aux études sur les variations de la hauteur de la voix (correspondant à la fréquence de vibrations des cordes vocales, Fo), que les mères dans les différentes communautés créent ainsi les conditions optimales de dialogue avec leurs bébés.

Des observations préliminaires suggèrent que certaines associations de types d'intonations relativement stéréotypées et d'intentions de communication particulières possèdent des similarités frappantes dans toutes les cultures. En anglais, allemand, français et italien, par exemple, les vocalisations d'approbation sont caractérisées par une gamme étendue de Fo, avec une moyenne haute et par un contour montant-descendant très marqué, comme le montre la figure page de droite. En revanche, dans les mêmes langues, les vocalisations d'interdit ont une Fo moyenne basse, dans une gamme restreinte, elles sont plus courtes, plus intenses et plus abruptes à l'attaque. Les vocalisations de réconfort, bien qu'ayant une Fo moyenne basse et une gamme restreinte, comme celle de l'interdit, sont plus longues, moins intenses et plus douces à l'attaque que celles-ci. En termes musicaux, les vocalisations de réconfort ont un caractère fluide et «legato» qui contraste de façon marquée avec le caractère fortement «staccato» des vocalisations de prohibition. Il est important de noter, toutefois, que ces schémas prosodiques stéréotypés ne

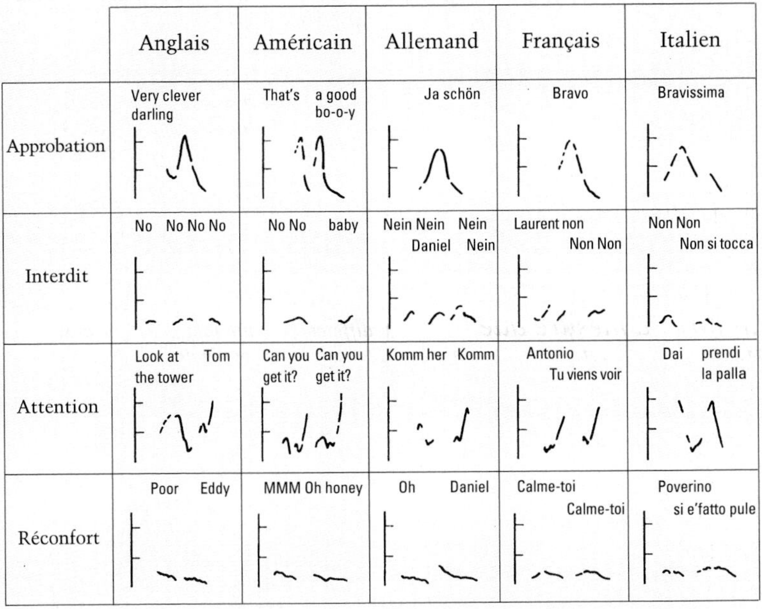

	Anglais	Américain	Allemand	Français	Italien
Approbation	Very clever darling	That's a good bo-o-y	Ja schön	Bravo	Bravissima
Interdit	No No No No	No No baby	Nein Nein Nein Daniel Nein	Laurent non Non Non	Non Non Non si tocca
Attention	Look at the tower Tom	Can you get it? Can you get it?	Komm her Komm	Antonio Tu viens voir	Dai prendi la palla
Réconfort	Poor Eddy	MMM Oh honey	Oh Daniel	Calme-toi Calme-toi	Poverino si e'fatto pule

sont pas seulement caractérisés par des aspects de Fo telles que la forme du contour, comme le montre la figure, mais aussi par des différences dans l'enveloppe et la composition spectrale. Ainsi une caractérisation correcte des genres de contour prosodiques nécessite l'élaboration d'une taxonomie basée sur des fonctions complexes de changements évalués en fonction de ces multiples dimensions acoustiques, recherche actuellement en cours. Entre-temps, ces observations initiales suggèrent que dans un certain nombre de langues les intentions de communication habituelles sont associées à des formes prosodiques particulières dans le langage maternel s'adressant aux enfants n'étant pas encore en âge de parler. Qu'est-ce qui explique cette corrélation entre des schémas caractéristiques d'éléments prosodiques et des états motivationnels spécifiques? Peut-être ces vocalisations maternelles, liées à un contexte particulier, sont essentiellement des expressions verbales d'affect, de forme similaire dans les différentes cultures, tout comme les expressions faciales sont universelles.

Anne Fernald, *Human Maternal Vocalizations to Infants as Biologically Relevant Signals : an evolutionary perspective* in *Language Acquisition*, Paul Bloom edition, 1993, Harvester Wheatsheaf, traduction Isabelle Leymarie

Inné et acquis dans le langage

Steven Pinker, professeur au MIT (Massachusetts Institute of Technology), déduit à partir de milliers de conversations adultes-enfants analysées dans des

dizaines de langues différentes que les énoncés adressés à l'enfant ne sont pas des formes simplifiées du langage qui lui permettraient d'acquérir progressivement les règles de grammaire. La majorité des phrases destinées aux enfants sont des questions, qui sont parmi les formes grammaticales les plus complexes.

En réalité, que le développement de la grammaire ne dépende pas de la pratique proprement dite n'a rien de surprenant. En effet, énoncer quelque chose à haute voix ne fournit pas à l'enfant, contrairement à l'écoute de ce que les autres disent, des informations sur la langue qu'il essaie d'apprendre. La seule information grammaticale susceptible d'être communiquée par le langage parlé serait obtenue dans le cas où des parents indiqueraient à l'enfant si ses phrases sont grammaticalement correctes et ont du sens. Si un parent punissait, corrigeait, comprenait de travers ou même réagissait différemment à une phrase grammaticalement incorrecte de l'enfant, cela pourrait, théoriquement, informer celui-ci qu'un élément, dans son système croissant de règles, doit être amélioré. Mais les parents restent remarquablement indifférents à la grammaire de leurs enfants, accordant uniquement de l'importance à leur franchise et leur bonne conduite. Roger Brown divisa les phrases des enfants en listes grammaticalement correctes et grammaticalement erronées. Pour chaque phrase, il vérifia si le parent avait exprimé son approbation («Oui, c'est bien», par exemple) ou sa désapprobation. La proportion était identique pour les phrases correctes et les phrases erronées, ce qui signifie que la réaction du parent n'avait fourni à l'enfant

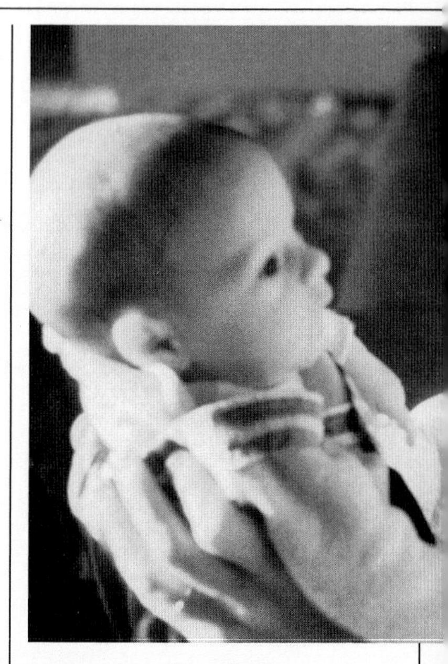

aucune information d'ordre grammatical. Par exemple :
– Enfant : Maman pas garçon, maman fille.
– Mère : C'est vrai.
– Enfant : Walt Disney vient mardi.
– Mère : non.
R. Brown chercha aussi à savoir si les enfants pouvaient être renseignés sur l'état de leur grammaire en remarquant s'ils se faisaient ou non comprendre. Il examina les questions bien et mal formulées des enfants et vérifia si leurs parents semblaient leur avoir répondu de façon appropriée (c'est-à-dire comme s'ils les comprenaient) ou s'ils n'avaient pas poursuivi la conversation. De nouveau, il n'y eut pas de corrélation. «Où tu es?» n'est peut-être pas français mais est parfaitement compréhensible. En fait, lorsque des parents exigeants ou des expérimentateurs intervenant dans

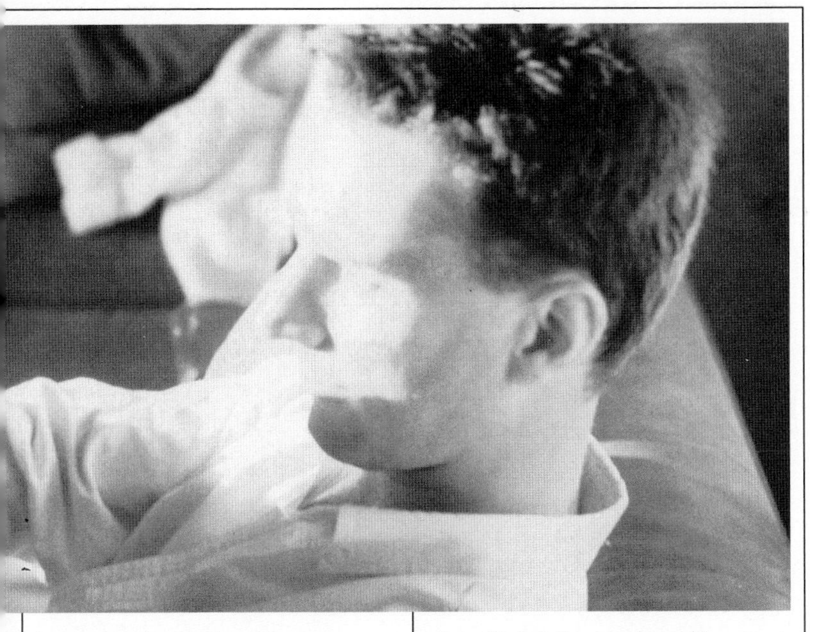

la conversation réagissent à ce que l'enfant dit, celui-ci n'en tient pas compte. Le psycholinguiste Martin Braine tenta une fois, pendant plusieurs semaines, d'éliminer les erreurs de grammaire de l'une de ses filles. Voici le résultat :

– Enfant : Veux autre une cuillère, papa.
– Père : Tu veux dire que tu veux UNE AUTRE CUILLÈRE?
– Enfant : Oui, je veux autre une cuillère, papa.
– Père : Peux-tu dire «une autre cuillère»?
– Enfant : Autre… une… cuillère.
– Père : Dis… «une autre».
– Enfant : Une autre.
– Père : «Cuillère.»
– Enfant : Cuillère.
– Père : «Une autre… cuillère.»
– Enfant : Une autre… cuillère. Maintenant donne-moi autre une cuillère.

«La suite de la leçon est annulée par les protestations de ma fille, vigoureusement soutenue par ma femme», écrit Braine.

En ce qui concerne l'apprentissage de la grammaire, l'enfant doit être un naturaliste observant passivement le discours des autres plutôt qu'un expérimentateur manipulant des stimuli et notant les résultats. Les implications de ceci sont profondes. Les langues sont multiples et l'enfance éphémère. Pour devenir des locuteurs, les enfants ne peuvent se contenter de mémoriser; ils doivent sauter dans l'inconnu linguistique, dans un monde infini de phrases pas encore énoncées.

Steven Pinker, *The Language Instinct, How the Mind Creates Language*, Harper Perennial, 1995, traduction Isabelle Leymarie

Pathologie du langage

Le langage dépend de régions spécialisées du cerveau. L'étude de la pathologie du cerveau a été longtemps le seul moyen dont disposaient les chercheurs pour comprendre les relations entre cerveau et langage.

Les théories classiques des troubles du langage

Henry Hecaen, neuropsychologue français dont les travaux ont marqué le domaine, retrace les débuts de la neuropsychologie du langage.

C'est à la fin du XIXe siècle que les aphasies, c'est-à-dire les troubles du langage se produisant en l'absence de lésions des nerfs et des organes responsables de l'articulation verbale et liés à des lésions cérébrales en foyer, ont été découvertes et leur étude a été le point de départ des recherches sur

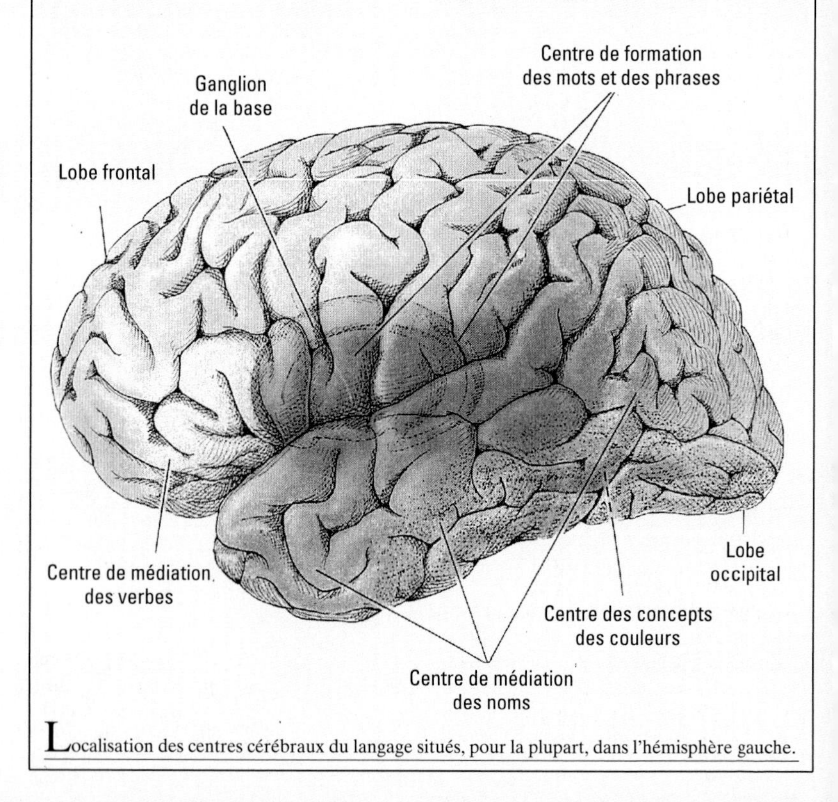

Localisation des centres cérébraux du langage situés, pour la plupart, dans l'hémisphère gauche.

les troubles du langage : altération de l'expression, difficulté d'articulation, oubli de vocabulaire, substitution ou déformation des mots, troubles de la compréhension verbale, etc.

[...] C'est en 1861 qu'il faut situer la première étape importante de l'étude des aphasies, étape marquée par les travaux de Paul Broca : pour la première fois, un aspect particulier des troubles du langage était mis en relation avec une lésion cérébrale de siège déterminé. A cette date, en effet, P. Broca présenta les résultats de l'examen du cerveau d'un sujet qui, depuis de longues années, n'était capable d'émettre qu'une seule syllabe : «tan», alors qu'il avait conservé un niveau relativement élevé de compréhension verbale. Cet homme présentait des lésions localisées dans la partie postérieure du lobe frontal gauche et impliquant plus spécialement le pied de la troisième circonvolution frontale : constatant que la destruction de cette région avait entraîné chez ce malade l'incoordination de la parole (Broca donne à ce trouble le nom d'«aphémie», terme auquel Trousseau substituera celui d'«aphasie»), P. Broca en concluait qu'il s'agissait là du centre de la faculté du «langage articulé».

En 1865, P. Broca apporte une nouvelle contribution capitale à la connaissance de l'organisation cérébrale du langage : il met en évidence que seules les lésions de l'hémisphère gauche entraînent des troubles du langage; la destruction des mêmes zones, dans l'hémisphère droit, n'affecte pas le langage. Cette affirmation de «dominance cérébrale» de l'hémisphère gauche dans le langage, sera confirmée par la quasi-totalité des observations ultérieures.

La publication en 1874 du mémoire de C. Wernicke constitue la seconde étape décisive de l'histoire de l'aphasie. Wernicke démontrait que la destruction d'une autre aire de l'hémisphère cérébral gauche, la partie postérieure de la première circonvolution temporale, entraînait des troubles du langage différents de ceux étudiés par Broca : le malade ne montre pas, comme dans l'aphasie de Broca, un trouble de l'articulation verbale, mais ce que Wernicke définissait, comme la perte des images auditives des mots. En effet, les aphasiques observés par Broca avaient une élocution difficile et des troubles articulatoires; au contraire, les malades décrits par Wernicke ont un débit verbal rapide, à l'articulation nette. Ce sont leurs énoncés qui paraissent dépourvus de sens. Le langage d'un tel aphasique comporte des substitutions, des déformations et des télescopages de mots. L'aphasie de Wernicke se distingue également de l'aphasie de Broca en ce qu'elle affecte la compréhension du langage, parlé ou écrit. Dès lors, on devrait opposer à l'aphasie «motrice» (ainsi nommée car elle affecte les images articulatoires verbales) décrite par Broca, l'aphasie «sensorielle» de Wernicke (la lésion de la circonvolution de Wernicke affecte la région du cortex voisine de celle qui reçoit les stimulations auditives).

Henry Hecaen,
«Le Cerveau et le langage»
in *La Recherche*,
n° 27, octobre 1972

L'évolution du français

Une langue naît et se développe au long de l'histoire selon les besoins et les goûts de ses locuteurs, et un peu selon la volonté de ses tuteurs… Ainsi en est-il du français, né de l'évolution locale du bas-latin parmi certains Francs, plus romanisés que d'autres, dans la petite «plaine de France» (au nord de Paris); mais qui restera bien plus marqué d'influences germaniques que les parlers du Sud.. Il sera l'objet de toutes les attentions successives du pouvoir royal, académique et républicain.

Textes de 1551 (page de droite) et de 1752 (page suivante).

Les origines du français

Pierre Bec, spécialiste de philologie romane, ancien directeur du Centre d'études supérieures de civilisation médiévale de Poitiers, retrace, au cours d'une interview, l'origine et l'évolution du français.

[…] Le français est un ancien dialecte qui a réussi, celui de l'Ile-de-France. Au Moyen Age, beaucoup de dialectes recouvraient des espaces similaires, le francien, parler de l'Ile-de-France, mais aussi le champenois, le picard, également langue de culture, l'anglo-normand, le poitevin, etc. Parmi ces parlers d'oïl, le francien a plus ou moins évincé les autres pour des raisons politiques et économiques, par son prestige littéraire, et surtout par la centralisation de Paris. Il en reste des traces. Ainsi, l'aéroport Charles-de-Gaulle est à Roissy-en-France. Le nom de cette commune apparaît aujourd'hui comme une tautologie. En fait, Roissy était, au Moyen Age, la première ville francienne qu'on rencontrait en venant de la région picarde.

– *Comment s'est constitué cet espace d'oïl?*

L'espace d'oïl est né, comme toutes les autres langues latines ou romanes, du latin, non du latin littéraire de Cicéron et de Virgile, mais du latin populaire et juridique importé à des dates différentes par les soldats et les administrateurs romains. Ce latin parlé n'avait pas les structures compliquées sur lesquelles s'échinent les élèves de collège et de lycée. Sur les six cas de la déclinaison, deux subsistaient, le nominatif et l'accusatif, et éventuellement un troisième, le datif pour les pronoms. L'appareil morpho-syntaxique du latin vulgaire était donc simplifié. L'ancien

REPONSE DE LOVI'S MEI-
gręt a la dezeſperée repliqe de Glaomalis de
Vezelęt, transformé en Gyllao-
me dęs Aotels.

E qęlle confiançe Gyllaome
dęs Aotels a' tu abãdoné ton
maſq' ę ęmbuçhe de Glao-
malis de vezelęt, pour d'une
ſi temerę́r' ę efronté' aſſuran-
çe te getter a la campañe, eſpe
rant abuzer le peuple Françoęs, ę auęq je ne
ſey qęl çircuit de parolles, palier ę degizer tõ
aodaçieuz' arroganç' ęn ſottes ralleries, bro-
cars, colęres ę injures, qe ton ępitre degorje
contre lę' Meigretiſtes? Prezume' tu bien l'ao
torité ę eſtime de ton nom ſi exçellente, q'ęlle
puiſſe qazi come d'un' extreme clarté ebloir ę
aueugler le ſęns ę jujemęnt de la viuaçité ſub-
tile dęs eſperiz Françoęs, tant bien renomée
par toute l'Europe? T'atten' tu par çe tiẽ plein
tif comęnçemęnt de ta repliqe, t'arguant d'u-
n'amand' honorable de ta glorieuz' epitre, lęs
hebeter ę epamer: de ſorte qe come tranſpor-
tez de leurs ſęns il' reçoęuet a ta pęrſuaſion
pour parolles honętes ę graçieuzes, la not' ę
blazon qe tu dones a no' ręzons de Meigres ę
Meigrettes? Qęlle modeſti' ęſpere' tu fęre re-

a ij çeuoęr

français, comme l'ancien occitan, a conservé une déclinaison à deux cas (le cas sujet et le cas régime) qui disparaîtra à la fin du XIIIe siècle. La déclinaison à deux cas permettait une plus grande souplesse de la syntaxe. Sa disparition a conduit à la séquence dite progressive (sujet + prédicat); c'est pourquoi le français est devenu une langue analytique, plutôt «intellectuelle», considérée comme la langue de la clarté.

Donc, les colonisateurs romains ont imposé le latin populaire comme langue administrative, faisant peu à peu disparaître les langues primitives : dans une grande partie de la Gaule, le gaulois, en Provence, le ligure, en Gascogne, une langue aquitano-européenne dont le basque est sans doute un descendant, en Alsace-Lorraine et dans les zones frontières, des langues germaniques. Ce substrat, c'est-à-dire la langue parlée avant la latinisation qui a exercé une influence sur le latin parlé dans ces régions, explique déjà certaines différences, notamment la fragmentation sur le sol de la France actuelle entre deux espaces linguistiques proches et distincts, celui d'oïl et celui d'oc.

– *Quelle est la transition entre latin vulgaire et langues romanes?*

Entre ces latins parlés et la première manifestation des langues romanes, les linguistes font intervenir une phase hypothétique appelée romane primitive ou roman commun. Les témoignages écrits n'existant pas, il s'agit d'une reconstitution par induction sur une période allant du IIIe au VIIIe siècle. Mon *Manuel pratique de philologie romane* reconstitue le système phonétique et morphologique de cette phase intermédiaire. Celle-ci permet d'expliquer l'évolution de la plupart des langues romanes, le français, l'occitan, le catalan, l'espagnol et le portugais; le roumain restant un peu à part.

– *Les langues romanes ont-elles beaucoup emprunté aux langues primitives?*

Du gaulois, il ne reste pas grand-chose, à peine 92 mots dans le français standard. Il s'agit d'un vocabulaire rural, comme charrue, char, arpent. Aux Ve et VIe siècles, les invasions germaniques, qui ont achevé la dissolution de l'empire romain, ont favorisé la fragmentation de l'espace linguistique roman. Trois grands peuples germaniques ont joué un rôle important : les Francs, qui ont donné le nom à la France; les Burgondes, installés dans ce qui est devenu la Bourgogne; et les Wisigoths, sans doute les plus civilisés des Germains, qui se sont fixés dans le Sud-Ouest de la France et en Espagne. Des emprunts lexicaux s'étaient déjà produits avant ces invasions puisque les troupes de César employaient également des mercenaires de langue germanique. Beaucoup de mots guerriers ont été échangés. Bon nombre de mots commençant par *h* aspiré, par exemple, sont d'origine germanique.
Le troisième apport important, et plus tardif, vient de l'arabe via l'Espagne arabo-andalouse (VIIe-XIVe siècles). Des mots comme magasin, sirop, chiffre, alcôve, alambic, sont d'origine arabe.

– *Quel est le premier texte écrit en français?*

La première manifestation du français archaïque, ou prélittéraire, date de 842. Ce sont les *Serments de Strasbourg*, reproduits dans la chronique de Nithard. Dans cet acte juridique, Charles le Chauve et Louis le Germanique, petits-fils de Charlemagne, se jurent fidélité contre leur frère, Lothaire. Ces serments,

XV.

GAZETTE DE COLOGNE

AVEC PRIVILEGE

DE SA MAJESTE IMPERIALE

Du MARDY, 22 *FEVRIER* 1752.

AFRIQUE.

D'ALGER, *le* 26 *Janvier.*

Les deux Vaisseaux *Hambourgeois*, arrivez icy en dernier lieu, nous ont apporté les présents les plus agreables, vû qu'ils consistoient dans des marchandises, que nous ne connoissons gueres icy. Le sommaire en est 52 canons de fer, avec leurs affuts; 10000 boulets; 4 mortiers de bronze; 2400 bombes, & mille autres belles choses dans le même goût. Ce présent doit être suivi d'un autre Navire, qui nous apportera des mâts & quelques autres attirails en bois pour l'équippement des Vaisseaux.

SUEDE.

De STOCKHOLM, *le* 4 *Fevrier.*

Hier, LL. MM. firent une grande chasse aux loups, dont la Reine tua Elle même un; dinerent à *Carlsberg* & revinrent le soir icy. La Cour est de nouveau dans le plus profond deuïl pour la mort de la Reine de *Dannemarck*. Le Chevalier *Cerner*, Lieutenant Colonel du Régiment d'*Ost-Gothie*, Cavallerie, aiant sollicité sa demission, il l'a obtenuë. Le Roy a fait donner aux Capitaines de la Bourgeoisie, qui ont paradé le jour de son Couronnement, de superbes épées à gardes de vermeil, aiant sur le pommeau le nom du Roy avec une Couronne.

Les Etats, qui ont repris leurs deliberations, les continuent avec tant d'activité, qu'on peut compter, qu'elles finiront dans peu. Dans une Seance, qu'ils ont tenuë cette semaine *in plenis*, ils ont reglé entierement l'article des repartitions touchant la depense de l'enterrement du feu Roy & du Couronnement de S. M. Regnante.

DANNEMARCK.

De COPPENHAGUE, *le* 8 *Fev.*

On commence à reparler d'un voiage, que le Roy doit avoir résolu de faire au Printems dans le *Holstein*. La Cour paroit fort satisfaite de la Conclusion du Traité pour le reglement des limites de la *Norwegue* avec la *Suéde*, & de l'habilité, que nos Plenipotentiaires ont fait paroitre dans toute cette longue Négociation, dont le commencement remonte à l'année 1688. De nôtre côté, nous y avons apporté toutes les facilitez imaginables, & nous ne nous en repentons pas, car si nous a-

devant être compris par les soldats des deux frères, ont été prononcés en «français» et en tudesque, c'est-à-dire en allemand. Certains linguistes ont décelé dans ce français archaïque mal défini, du poitevin, du picard ou du franco-provençal; d'autres y ont vu une langue artificielle. Disons que c'est du roman avec des traces de latinité.
La langue officielle étant le latin, le scribe était formé à l'école administrative des copistes latins. Il a donc essayé de transcrire cette langue en formation avec les procédés du latin, ce qui se produira jusqu'aux XIe et XIIe siècles. En effet, dans la plupart des actes notariés, des coutumes, des chartes, rédigés en roman, en français et en occitan, on perçoit l'intervention du copiste, d'où des graphies latinisantes et des indécisions pour noter de nouveaux phonèmes. Par exemple, pour noter le *l* mouillé qui n'existait pas en latin, le français a adopté le *ill*, tandis que l'occitan et le portugais ont préféré *lh*.
Un second texte, la *Cantilène de sainte Eulalie*, date de 881. Malgré les latinismes, c'est déjà du français, certes incompréhensible aux Français d'aujourd'hui. Signalons que les premiers documents écrits des langues sont soit des passages juridiques dans un texte latin, soit des écrits de propagande religieuse. Nous considérons la *Cantilène de sainte Eulalie* comme le premier texte français, le second étant la *Chanson de Roland* (début XIIe siècle), une grande œuvre littéraire.

– *Le français est-il une langue expansionniste à cette époque?*

Les grandes langues partent d'un petit foyer, s'étendent et parfois se fragmentent pour donner naissance à d'autres langues. Nous l'avons vu avec le latin. Le français a connu le même phénomène. Ainsi, l'anglais est une sorte de «franglais». En effet, la conquête de l'Angleterre par Guillaume le Conquérant en 1066 a imposé, contre le saxon, le dialecte normand dans les îles britanniques, ou anglo-normand, qui fut en usage à la cour d'Angleterre et dans les classes aisées jusqu'au XIIIe siècle. C'est pourquoi la langue anglaise compte autant de mots d'origine française. [...]

– *Comment expliquez-vous la complexité de l'orthographe?*

Depuis l'ancien français (XIIe-XIIIe siècles) qui a donné une grande littérature, au moyen français (XIVe-XVIe siècles), jusqu'au français classique (XVIIe siècle) et au français contemporain, la langue a suivi une évolution en quelque sorte endémique, plus poussée que dans les autres langues romanes. L'écart entre la graphie et la phonie s'est considérablement accru, ce qui explique aujourd'hui notre orthographe si compliquée. Cette évolution est marquée par un phénomène d'usure phonétique. Le Nord de la France ayant été profondément germanisé, la langue a été frappée par un fort accent d'intensité, de sorte que les mots ont été réduits, plus que dans le Sud.

Pierre Bec, «Les Origines du français» in *L'Actualité Poitou-Charentes*, hors série, juin 1997

L'Académie française et l'orthographe

Richelieu institutionnalise en 1634 un cercle littéraire informel pour en faire l'Académie française, dont Louis XIII signe les lettres patentes en 1635, mais qui ne seront enregistrées qu'en 1637 par le Parlement de Paris; car il fallut vaincre les réticences de l'Université, jalouse des prérogatives de ce nouveau corps.

L'Académie recevait pour mission principale de rédiger les quatre instruments par lesquels reposerait la réglementation de l'usage de la langue française : dictionnaire, grammaire, rhétorique et poétique.

Il fallut un demi-siècle à l'Académie pour sortir la première édition de son dictionnaire. Un de ses membres, Furetière, en avait été exclu – sanction rarissime – en 1685, pour avoir terminé le sien dès 1684, qui ne put paraître qu'après sa mort et à Rotterdam en 1690. Ce premier dictionnaire de l'académie ne contenait que des mots en usage dans la bonne société, rangés par racine et dérivés. La seconde édition, en 1718, prit l'ordre alphabétique comme les suivantes (1740, 1762, 1798, 1835, 1878 et 1935). La grammaire ne parut qu'en 1932. La rhétorique et la poétique jamais. Les séances du dictionnaire sont un rituel régulier auquel la plupart des académiciens échappent et la rédaction accumule les retards. Il serait faux de croire que l'Académie est le principal sanctuaire du conservatisme linguistique. Chaque fois que ressort la question de la réforme de l'orthographe, c'est dans certains secteurs de l'opinion publique et de la presse que se manifestent les plus violentes oppositions à tout changement, à toute simplification des règles inculquées. Comme si ceux qui avaient le plus souffert pour apprendre ces règles tenaient absolument à ce que les générations suivantes en pâtissent autant. On voit alors, à chaque nouvelle occasion, jaillir un flot de lettres de protestation et d'articles jetant systématiquement le discrédit sur toute tentative de rationalisation ou d'adoucissement des conventions d'écriture. Ce qui rend toute réforme, si timide soit-elle, extrêmement limitée et finalement quasi inopérante. Ainsi des arrêtés Georges Leygues de 1901 introduisant des tolérances sur l'accord du participe passé ou des propositions Dauzat en 1939, reprises en 1953, ou des conclusions de commissions d'enseignants et de l'Académie des sciences. La dernière tentative, sous le gouvernement Rocard, passant par le Conseil supérieur de la langue française, a abouti à un rapport de Maurice Druon, de l'Académie française, intitulé «Les rectifications de l'orthographe» et publié comme document administratif au *Journal officiel* du 6 décembre 1990. Il est resté pratiquement lettre morte.

Roland Breton

Caricature de Littré portant son dictionnaire.

L'anglais dans le monde

L'anglais tient-il la première place des langues parlées dans le monde? Seulement après le chinois et le hindi, comme langue maternelle. Comme langue seconde, elle prédomine au XXe siècle, prenant la place occupée par le français aux XVIIIe et XIXe siècles. Mais les rapports entre les deux langues restent profonds et complémentaires.

A Bombay, une affiche ambiguë...

Quelle prééminence de l'anglais dans le monde?

Roland Breton retrace les étapes qui ont préludé à l'émergence de l'anglais comme langue la plus parlée dans le monde, phénomène relativement récent.

L'anglais est-il la première langue maternelle parlée? Certainement pas : il n'arrivait qu'à la troisième position jusqu'à ces dernières années, devant l'espagnol, mais, à l'horizon 2000, les anglophones de naissance seront rattrapés par les hispanophones, plus prolifiques : 350 millions de part et d'autre, suivis par l'arabe (300 millions) qui doit, à son tour, rattraper vite les deux précédents...

En revanche, si l'on compte le nombre des habitants de la planète selon la langue officielle de leur Etat, l'anglais arrive bien en tête. Claude Truchot (*L'Anglais dans le monde contemporain*, 1990, Paris) en dénombrait près de 1,7 milliard administrés en anglais, soit près d'un tiers de la population du globe. Mais ce chiffre ne signifie pas grand-chose, car, par exemple, sur un milliard d'habitants du subcontinent indien, où l'anglais est langue subsidiaire officielle, bien moins de 10 % de la population est capable de parler anglais. Mais il est vrai que dans les relations internationales, commerciales, financières, diplomatiques, médiatiques, informatiques, l'anglais est, aujourd'hui plus employé qu'aucune autre langue. C'est un fait d'histoire récente. Au XVIIIe siècle, la langue la plus répandue dans toute l'Europe était le français. Non pas pour ses mérites intrinsèques, mais tout simplement parce que la France était, depuis longtemps, le pays le plus peuplé et le plus puissant de ce continent et que l'influence culturelle de

Paris et de Versailles était le reflet de cet état de fait.

Malgré le double recul de la prépondérance française face à l'Angleterre aux traités de Paris de 1763 puis de 1815, la France, renonçant au Canada, à l'Inde, puis à la domination européenne, voyait néanmoins sa langue conserver la première place dans le monde jusqu'au début du XXe siècle; en 1905, le traité de Portsmouth (Etats-Unis) mettant fin à la guerre entre Russes et Japonais n'était rédigé qu'en français. Quand, au XIXe siècle, toutes les mers du monde étaient dominées par la marine britannique, et qu'une grande partie des terres entraient dans l'empire, l'anglais avait le vent en poupe. Pourtant, il fallut attendre qu'à cette domination commerciale, navale et coloniale centrée sur Londres s'ajoute la montée en puissance des Etats-Unis, pour que ce dernier pays impose, en 1919, à la Conférence de la paix, que le traité de Versailles soit bilingue. Par-delà le déclin de l'empire britannique, le passage du XIXe au XXe n'est que la transmission de la prééminence géopolitique planétaire d'une nation anglophone à l'autre. Et, quand toutes les anciennes colonies anglaises, dont la première libérée fut précisément. les Etats-Unis, conservent plus ou moins l'ancienne langue coloniale, celle-ci n'a guère de rivale dans le monde.

Le chinois, comme le japonais, jadis l'allemand et naguère le russe, en dépit des fluctuations de la volonté de puissance de leurs pays respectifs, n'ont chacune qu'un rayonnement de proximité, étroitement régional. L'espagnol et le portugais ne s'étendent et ne s'entendent plus que de part et d'autre de l'Atlantique; l'arabe qu'aux abords de la grande diagonale aride, le turc en écharpe sur l'Asie centrale, le hindi-ourdou que dans le subcontinent indien, le malais-indonésien dans son archipel et le souahéli en Afrique orientale…

La seule langue qui, comme l'anglais, chevauche les cinq continents est sa langue-sœur, le français. Quarante-neuf Etats ou gouvernements ont adhéré à l'ACCT, Agence de la Francophonie, dont deux des derniers régimes communistes – Viêt-nam. et Laos – et une république ex-soviétique, la Moldavie. Le français reste seule, avec l'anglais, langue de travail de l'ONU et des autres organisations internationales. David Dalby a célébré en elles, en 1989, les deux «langues de la liberté» dans une exposition du Centre Georges-Pompidou intitulée «Langues des droits de l'homme». L'anglais et le français ont vécu en étroite symbiose puisque la première a hérité de la seconde la moitié de son vocabulaire, que le français a été pendant quatre siècles langue officielle de l'Angleterre, et que les deux nations ont connu sept siècles de conflits intimes comme ennemis préférés, initialement pour rester un royaume uni sous une même couronne!

Aujourd'hui, on peut dire que ces deux langues, qui participent d'une culture historique commune, vivent et se répandent beaucoup moins en compétition qu'en addition, puisque le français, hors de sa zone d'influence propre, reste la langue seconde la plus choisie et la plus véhiculée dans le monde de tradition anglophone, comme le démontre l'analyse de Grant D. MacConnell dans son *Atlas international de la diffusion de l'anglais et du français*, L'enseignement. 1994 : Québec, PUL & Paris, Klincksieck.

Roland Breton

L'Inde, lieu exemplaire de politique linguistique

L'Inde, deuxième pays au monde par sa population (970 millions d'habitants), est certainement le plus plurilingue du monde. Non tant parce qu'il aurait le plus grand nombre de langues parlées (il est crédité de plus de 400 langues), mais par sa singularité. En effet, l'Inde est l'Etat ayant le plus résolument essayé d'aborder sa diversité linguistique par des mesures appropriées qui donnent une place légale à un maximum de langues.

Panneau trilingue en gare de Pondichéry : en tamoul (langue du Territoire), en hindi et en anglais (langues de l'Union).

L'Inde, de 1953 à 1972, a redécoupé sa carte administrativo-politique en fonction de ses aires linguistiques. Intention qu'avait eu aussi, avant elle, l'URSS, mais avec l'insuccès que l'on sait. Entre ces dates, toute une série de «réorganisations» a créé les «Etats linguistiques» qui sont maintenant la base du fédéralisme indien, à la place des anciennes provinces coloniales britanniques et des ex-Etats princiers. Et où l'essentiel des activités administratives, scolaires, universitaires et médiatiques passe par une quinzaine de langues qui ont généralement un passé comparable à celle des grandes langues européennes.

Toutes les langues parlées sur le territoire sont reconnues comme nationales et susceptibles d'être adoptées officiellement et enseignées par les Etats. La Constitution, qui en mentionnait quatorze, a été amendée pour en porter dix-huit. La composition

linguistique de la population de l'Inde est particulièrement bien connue puisque c'est le seul pays où chaque recensement décennal, depuis plus d'un siècle (1881), en donne régulièrement le détail, parallèlement à celui de la composition religieuse.

Le hindi, langue de l'Union, et l'anglais, langue subsidiaire

En tête, numériquement et statutairement, vient le hindi, langue officielle de l'Union, c'est-à-dire fédérale, servant aux institutions centrales et, selon des modalités soigneusement précisées, aux relations entre Delhi et les 32 parties de l'Union (25 Etats et 7 Territoires), et éventuellement aux relations entre ces parties. Mais là peut aussi intervenir l'anglais, langue subsidiaire de l'Union. En 1991, date du dernier recensement, sur 846 millions d'habitants, 335 M de personnes avaient pour langue maternelle le hindi ou l'une de ses variantes dialectales locales (chiffre de locuteurs estimé, comme les suivants, en l'attente de la publication officielle, retardée), soit 40 % de la population de l'Inde. Ce qui fait du hindi la deuxième langue maternelle du monde, après le chinois et avant l'anglais. Quant à l'anglais il n'était, en Inde, la langue maternelle que de 200 000 personnes d'ascendance partiellement britannique. Mais ces deux langues avaient, comme langues secondes, une audience notable hors de leurs communautés natives : 44 M pour le hindi au recensement de 1981 et 25 millions pour l'anglais à celui de 1961; soit respectivement plus de 7 % et près de 5 % de la population. A noter que la région hindie, trop grande pour être un seul Etat linguistique, est divisée en six Etats et un Territoire (Delhi) où le hindi est officiel et qui groupent 377 M d'habitants, soit près de 45 % des Indiens.

Les 18 langues constitutionnelles et les Etats linguistiques

Ensuite, viennent les dix-sept autres langues dites «constitutionnelles», qui sont généralement des langues régionales, c'est-à-dire, à l'échelle de l'Inde, la langue officielle d'un Etat linguistique taillé pour elle et ayant l'ampleur d'un Etat européen. Soit, d'abord les deux langues, très proches du hindi au point d'avoir été longtemps considérées comme constituant avec lui une langue orale commune, l'hindoustani, dont les versions écrites surtout différaient : hindi écrit en caractères sanskrits par les hindous, ourdou en caractères arabo-persans, par les musulmans, et pandjabi, des sikhs, en caractères distincts, bien que proches de ceux du hindi. L'ourdou, avec 45 M de locuteurs, n'a pas d'Etat propre car les musulmans sont très dispersés, et le pandjabi (24 M) est officiel au Pandjab (20 M) où sont concentrés la majorité des sikhs. Avec le hindi, ces deux langues représentent donc 405 M d'Indiens parlant ces versions de l'hindoustani, soit 48 % de la population.
Autour de la grande région hindoustanie, occupant tout le nord et le nord-ouest du pays, sont réparties les sept autres grandes langues indo-aryennes, c'est-à-dire indo-européennes du subcontinent, et ayant chacune son Etat. Au nord-ouest, le kashmiri (4 M) du Jammou-Cachemire (8 M), dont la langue officielle est en fait l'ourdou, à l'est, l'assamais (14 M) de l'Assam (22 M), le bengali (68 M) du Bengale de l'Ouest (68 M), car le Bengale de l'Est est le Bangladesh indépendant, au sud-est, l'oriya (28 M) de l'Orissa (32 M), au sud-ouest, le goujarati (40 M) du Goujarat (41 M) et au sud, le marathi (62 M) du Maharashtra (79 M) et le konkani (1,8 M) de Goa (1,2 M).
Trois dernières langues indo-aryennes sont constitutionnelles, mais sans Etat propre en Inde : le sindhi (2,5 M) des hindous réfugiés de la province du Sind attribuée au Pakistan, le népali (2,4 M) des immigrés népalais installés dans la région des plantations de thé de Darjeeling et le sanskrit, langue classique de la civilisation indienne, déclarée encore langue maternelle de 3 000 Indiens en 1981, et langue seconde de près de 200 000 autres en 1961.
La pointe méridionale de la péninsule est occupée par les quatre grandes langues dravidiennes : télougou (69 M) de l'Andhra Pradesh (67 M) au nord-est, tamoul (59 M) du Tamil Nadu (56 M) au sud-est, kannada (32 M) du Karnataka (45 M) au nord-ouest et malayalam (30 M) du Kérala (29 M) au sud-ouest.
Enfin, une langue de la famille tibéto-birmane, le manipouri (1,3 M), du petit Etat de Manipour (1,8 M), à la frontière birmane, clôt la liste des dix-huit langues constitutionnelles indiennes.

Les langues mineures, tribales...

Parmi les langues restantes, parlées, au total, par moins d'une quarantaine de millions de personnes, on compte surtout celles de populations dites tribales c'est-à-dire des «autochtones» (adivasis) du centre du Dékan, et appartenant à toutes les familles linguistiques : indo-aryenne (bhili, 5,5 M), dravidienne (gondi 2,4 M, oraon 1,7 M, kui 0,6 M, koya 0,3 M, kuvi 0,2 M, kodagu 0,1 M, malto 0,1 M, kolami 0,1 M, parji 50 000, konda 15 000), et mounda, c'est-à-dire austro-asiatique du subcontinent (santali 5,5 M, mundari 1,4 M, ho 1 M, korku 0,4 M, kharia 0,3 M, savara 0,3 M, bhumij 60 000, korwa 60 000, gadaba 35 000, koda 30 000, juang 23 000, asuri 9 000).
Sur les confins montagneux himalayens

et birmans se trouve le reste des langues des tribus, la plupart de la famille tibéto-birmane, morcelée en près de soixante-dix unités ethniques : bodo 900 000, garo 700 000, tripuri 700 000, mizo 500 000, mikir 300 000, miri 300 000, nissi 200 000, adi 170 000, tibétain et sherpa 140 000, ladakhi 100 000, balti 65 000, dimasa 60 000, kinnauri 60 000, lepcha 35 000, mishmi 33 000, lahuli 22 000, etc. Proches d'elles, deux ethnies sont de parler mon-khmer, c'est-à-dire du Sud-Est asiatique : le khasi (900 000) et le nicobarais (30 000).

Certaines de ces communautés ethnolinguistiques, parmi les principales, bénéficient d'une entité politique autonome, soit d'origine, tels les Lepchas et les Tripouris avec les Etats de Sikkim et Tripoura, soit l'ont obtenu à la suite d'un mouvement insurrectionnel comme les Nagas, aux vingt-cinq langues différentes, et les Mizos, avec les Etats de Nagaland et de Mizoram, ou bien par négociation, comme les Garos et les Khasis pour celui de Meghalaya, et les Miris, Nissis et Mishmis avec celui d'Arunachal Pradesh. D'autres, comme les Mikirs et les Dimasas, ou les Népalis de Darjeeling, ont déjà leurs districts autonomes, ou, comme les Bodos ou les ethnies du Jharkhand, négocient des statuts divers d'autonomie régionale. Certains de ces Etats, comme le Nagaland, le Mizoram, le Meghalaya et l'Arunachal, ont choisi l'anglais comme langue officielle. Mais toute communauté indigène, avec ou sans structures politiques territoriales, est habilitée à demander et à recevoir un système d'enseignement dans sa langue maternelle et un commissaire aux minorités linguistiques, remettant un rapport annuel, est chargé par le gouvernement central de veiller à ce que toute minorité, tant de la langue régionale d'un autre Etat que de toute langue tribale ou autre, puisse faire valoir ses droits et obtenir gain de cause.

Un chiffre total mal connu et controversé

L'exercice réel de ce droit à la langue n'empêche pas que le nombre exact des parlers de l'Inde est encore controversé. Chaque recensement produit son chiffre propre : 782 en 1951, 733 en 1961… En 1971 et 1981, un effort de rationalisation systématique a permis de réduire considérablement ces chiffres en regroupant les variantes locales et dialectales d'une même langue sous la dénomination commune et de ramener le total à 105, puis à 108 langues respectivement, mais seulement en tenant compte de celles ayant plus de 10 000 locuteurs. Ce qui laissait complètement dans l'ombre l'effectif comme la survivance des communautés ethnolinguistiques les plus petites, représentant un demi-million de personnes et dont le nombre minimal serait d'une cinquantaine. Cela permettait quand même d'évaluer plus sérieusement le nombre des langues de l'Inde à moins de deux cents au total. Ainsi que la proportion des Indiens parlant les langues de chaque grande catégorie : 48 % pour l'ensemble hindoustani, dont 40 % pour le hindi, 48% pour les autres langues constitutionnelles et moins de 4 % pour les langues mineures, dont 0,5 % environ pour les plus petites, ni énumérées ni dénombrées officiellement.

Telle est la situation actuelle du plurilinguisme indien, le plus multiforme dans la diversité même des conditions statutaires de chaque langue, le mieux protégé légalement et l'un des mieux connus scientifiquement.

Roland Breton

La reconnaissance automatique de la parole

La reconnaissance automatique de la parole a connu des progrès considérables ces dernières années, grâce en partie aux connaissances dont on dispose actuellement des processus cognitifs humains impliqués dans la perception et la compréhension orale. Cependant, malgré la technologie sophistiquée, l'utilisation de systèmes performants pour grand public n'est pas encore pour aujourd'hui.

A l'origine des études sur la parole : la première photographie d'une personne disant : «Je vous aime.», parue dans *L'Illustration* du 21 novembre 1891.

Parler à une machine?

Jean Caelen est directeur de recherche au CNRS, laboratoire Clips (Communication langagière et interaction personne-système) à Grenoble. Il dresse ici les principales difficultés pour la reconnaissance de messages parlés par une machine.

D'un point de vue pratique, la parole serait un substitut intéressant du clavier, de l'écran et de la souris, obstacles pour bon nombre d'utilisateurs novices. Leur utilisation nécessite un apprentissage. Tandis que la parole peut sembler naturelle, parce qu'apprise et maîtrisée par les humains depuis leur enfance. Réaliser des systèmes répondant à la parole rendrait possible d'entrer des données, des textes, des commandes, des programmes, de demander des renseignements, etc., sans que le locuteur ait à s'embarrasser d'un mode d'emploi. […] La voie d'accès à ce rêve est semée de difficultés intéressantes. […]

Imaginons qu'une machine placée dans une gare soit chargée d'analyser les propos d'un voyageur demandant un billet de train au guichet. Voici quelques phrases caractéristiques :

«*Je voudrais avoir un billet de train pour Paris*» : acte directif (ordre) au contenu explicite, mais sans destinataire explicite (il faut recourir à la situation pour savoir à qui l'on s'adresse et de quelle gare on part). […]

«*Vous reste-t-il des places pour Paris?*» : acte directif indirect interrogatif (la prosodie est déterminante ici).

«*S'il vous plaît!, euh, je cherche une… non je désire aller à Paris par le premier train*» : acte indirect directif entrecoupé d'hésitations et de reprises, caractéristique du niveau spontané de la parole.

On voit que les énoncés ne fournissent pas en eux-mêmes assez d'informations pour comprendre. Il faut y adjoindre les énoncés précédents (cotexte) ainsi que la situation et les connaissances d'arrière-plan (contexte). Ils contiennent aussi parfois des informations inutiles et bruyantes. Cela veut dire qu'il faudrait à une machine des capteurs sur le monde et des connaissances d'arrière-plan, ou posséder des représentations explicites de la tâche pour appréhender totalement la situation correspondant à l'énonciation. Comprendre c'est donc plus que reconnaître, c'est être potentiellement capable de fournir une réplique à un énoncé. [...]

Or les machines n'ont ni conscience ni intention. Pour elles, reconnaître et comprendre ne peuvent être que des artefacts. *Reconnaître* ce sera identifier des éléments (patterns) qu'elle «connaît» déjà, et comprendre ce sera produire une représentation sémantique d'où puisse germer une réponse. Ce n'est qu'à travers l'adéquation de cette réponse à la situation que l'on saura si la machine est «intelligente» ou non. [...]

La parole est ambiguë :
– les formes sonores élémentaires (phonèmes) sont sensibles à la coarticulation (le fait d'altérer la prononciation par un débit rapide) et présentent de nombreuses ressemblances de timbre (c'est-à-dire sur l'échelle des fréquences);
– les locuteurs peuvent avoir une grande variabilité dans leur production (débit précipité, voix angoissée, thérapies, etc.);
– les timbres de voix des locuteurs sont très dissemblables, ce qui peut conduire à des ressemblances entre des phonèmes différents (le «e» d'un locuteur avec le «é»d'un autre par exemple);
– l'environnement peut altérer la qualité du son (bruits, effet cocktail-party, déplacement du locuteur par rapport au microphone, etc.). [...]

Malgré tout, les performances des systèmes fondés sur les méthodes globales sont à l'heure actuelle suffisantes dans des conditions d'utilisation pas trop contraignantes. Ils acceptent des vocabulaires de l'ordre du millier de mots (parfois plus en dictée vocale) et plusieurs locuteurs, et leur performance peut dépasser 95 %. La phase essentielle (et la plus coûteuse) reste de loin la phase d'apprentissage : il faut enregistrer plusieurs centaines de locuteurs pour obtenir des résultats significatifs et constituer de très larges bases de données étiquetées. La plupart des systèmes actuels procèdent à partir d'un «moteur» markovien. Après HWIN, le système pionnier, sont venus ceux de Dragon, du CNET, d'IBM, de Philips, de Clips-Imag à Grenoble, etc.

Le pari du chercheur est-il gagné? Oui et non.

Jean Caelen, «A l'écoute de la parole humaine», in *La Recherche*, n° 285, mars 1996

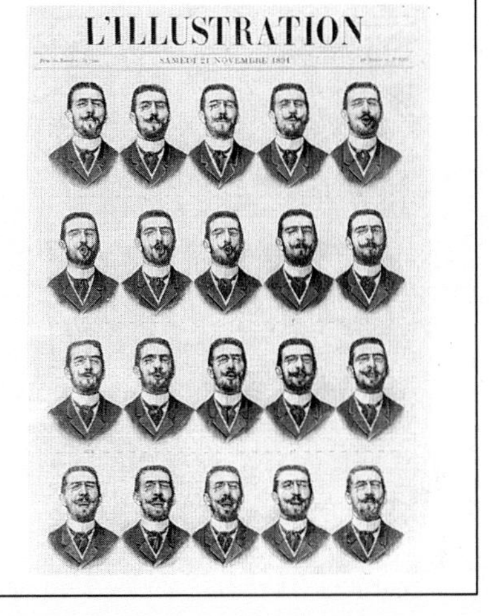

La traduction jadis et maintenant

La traduction est vieille comme le monde, on peut dire comme la tour de Babel. L'interprète utilise l'ouïe et la parole dans les situations réelles et immédiates de communication, alors que le traducteur doit connaître, en plus des différents parlers, leurs écritures respectives. Dans les deux cas, on ne traduit pas pour comprendre mais pour faire comprendre. Cette tâche est difficile, elle l'était en Asie centrale au Moyen Age comme elle l'est en Europe de nos jours.

Interprètes de l'ONU.

Lettres d'Asie

Deux personnes ne peuvent communiquer par écrit que si elles maîtrisent la même langue et le même système d'écriture. En Asie centrale, durant le haut et le bas Moyen Age, il se trouve que ces deux conditions furent rarement remplies en même temps.

Le nombre de langues alors en usage était largement supérieur à celui d'aujourd'hui. C'est là un phénomène universel dû à l'expansion démographique : des populations de langues distinctes, qui jusqu'alors vivaient séparées, nouent des liens plus étroits. Les groupes linguistiques dominants tendent alors à absorber les éléments minoritaires. Nous avons des raisons de penser que, rien qu'en Eurasie, des centaines de langues ont disparu de la sorte sans laisser de trace – mais pas toutes, et nous connaissons l'existence de certaines d'entre elles grâce à des documents que nous déchiffrons à grand-peine. Ainsi, l'on a découvert au début de ce siècle, dans une petite région de la province chinoise du Xinjiang, des textes rédigés en dix-sept langues, dont la plupart n'étaient déjà plus en usage il y a plusieurs siècles.

N'empêche, il fallait bien que ces peuples de jadis, qui ne parlaient pas les mêmes langues, communiquent entre eux, même si c'était à un rythme moins soutenu que le nôtre. La seule solution, pour certains du moins, était d'apprendre plusieurs langues, une acquisition qui, dans l'Antiquité, était surtout liée à une histoire familiale. Les individus polyglottes étaient souvent appelés à servir d'interprètes et de traducteurs. [...]

Les voies de la traduction étaient parfois tortueuses, comme le montre l'exemple suivant, rapporté par le frère franciscain Jean de Plano Carpini, émissaire du pape Innocent IV auprès du pouvoir mongol en 1245. Avant de faire préparer une lettre pour le pape, le kaghan Güyük demanda à Plano Carpini si quelqu'un, dans l'entourage du pontife, savait lire le russe, le perse ou le mongol. Le frère suggéra alors au kaghan d'écrire sa lettre en mongol et de la faire traduire sur-le-champ, mot pour mot, en latin. Aussitôt dit, aussitôt fait. L'exactitude de la traduction fut vérifiée scrupuleusement et la lettre partit pour Rome – où elle a, depuis, disparu. Fort heureusement, un contemporain de Carpini, le moine Salimbene, en avait inséré une copie dans sa chronique. De leur côté, les scribes et les secrétaires du kaghan avait jugé bon, au nom de la diversité, d'en préparer également une traduction en perse. C'est cette dernière – exemple magnifique du multilinguisme de la chancellerie du kaghan – que l'on a découverte dans les archives papales en 1920.

Denis Sinoz, *Lettres d'Asie*
in *Le Courrier de l'Unesco*,
juillet-août 1997

A-t-on besoin d'une langue «parfaite» pour se comprendre?

[…] La culture européenne se trouve face à la nécessité urgente de trouver une langue véhiculaire qui en recompose les fractures linguistiques, aujourd'hui plus encore qu'hier. Mais l'Europe est obligée de tenir compte aussi de sa vocation historique, celle d'un continent qui a engendré des langues différentes, dont chacune, même la plus périphérique, exprime le «génie» d'un groupe ethnique, et demeure le véhicule d'une tradition millénaire. Est-il possible de concilier la nécessité d'une langue véhiculaire unique avec celle de la défense des traditions linguistiques ?

Paradoxalement, les deux problèmes vivent de la même contradiction théorique et des mêmes possibilités pratiques. La limite d'une langue universelle véhiculaire est la même que celle des langues naturelles sur lesquelles elle est calquée : elle présuppose un principe de traduisibilité. Si une langue universelle véhiculaire prévoit de pouvoir redonner les textes de n'importe quelle langue, c'est parce que, bien qu'il existe un «génie» des langues particulières, bien que chaque langue constitue une manière très rigide de voir, d'organiser et d'interpréter le monde, l'on suppose que, malgré tout, il est toujours possible de traduire d'une langue à l'autre. […]

Le problème de la culture européenne de l'avenir ne réside certainement pas dans le triomphe du polyglottisme total (celui qui saurait parler toutes les langues serait semblable au Funes el Memorioso de Borges, l'esprit occupé par une infinité d'images), mais dans une communauté de personnes qui peuvent saisir l'esprit, le parfum, l'atmosphère d'une parole différente. Une Europe de polyglottes n'est pas une Europe de personnes qui parlent couramment beaucoup de langues, mais, dans la meilleure des hypothèses, de personnes qui peuvent se rencontrer en parlant chacune sa propre langue et en comprenant celle de l'autre, mais, qui, ne sachant pourtant pas parler celle-ci de façon courante, en la comprenant, même péniblement, comprendraient le «génie», l'univers culturel que chacun exprime en parlant la langue de ses ancêtres et de sa tradition.

Umberto Eco, *La Recherche de la langue parfaite*, Paris, Editions du Seuil,
1994, traduction Jean-Paul Manganaro

GLOSSAIRE

Acculturation : intégration à une culture étrangère, inséparable de la déculturation par rapport à la culture d'origine.
C'est donc le passage d'une culture à une autre, par différents transferts d'usages culturels : linguistique, etc.

Créole : parler mixte issu du contact d'une langue coloniale et de parlers indigènes transplantés, et devenu l'expression maternelle des populations descendant d'anciens esclaves.
Voir pidgin.

Démolinguistique : étude des variations quantitatives des groupes humains parlant telles ou telles langues. Démographie linguistique.

Diglossie : bilinguisme fonctionnel, par lequel un individu, ou un groupe, emploie en permanence deux ou plusieurs langues dans des situations familiales ou sociales propres.

Dialecte : subdivision locale ou régionale d'une langue dont la variation géographique interne est appréciable. Les locuteurs de dialectes d'une même langue peuvent se comprendre spontanément.

Ethnolinguistique : initialement, étude des langues des peuples sans écriture, devenue étude des faits de langue propres à toute ethnie.
Adj. : propre à une communauté linguistique.

Fréquence fondamentale ou Fo : Fréquence de vibration des cordes vocales qui donne la hauteur de la voix. Plus les cordes vocales vibrent vite, plus la hauteur (ou *pitch*) est élevée.
Les variations de l'intonation correspondent à des variations de la fréquence fondamentale.

Graphème : unité distinctive et significative minimale d'une écriture et correspondant à un phonème (lettre ou groupe de lettres, idéogramme, etc.) ou à un repère morphologique ou étymologique.

Isoglosse : ligne enserrant, sur une carte, à l'intérieur d'un champ de variations linguistiques, les lieux où prévaut la même forme d'un phénomène donné.

Lexical : qui concerne le lexique, le dictionnaire mental, consistant en l'ensemble de représentations phonologiques, orthographiques, syntaxiques et sémantiques des mots connus par un locuteur.

Linguistique : science du langage et des langues. Ses principales branches sont la phonétique et la phonologie, la morphologie et la lexicologie, la grammaire, la stylistique, la sémantique et la sémiologie, la philologie, l'étymologie, la toponymie et la dialectologie. Les écoles linguistiques contemporaines mettent en avant concurremment les théories et pratiques de l'analyse distributionnelle, de la grammaire générative et transformationnelle et du structuralisme.

Métalangage : langage formalisé supérieur qui décrit le langage-objet observé et vise à décider de la pertinence logique de ses propositions.

Morphème : monème grammatical, élément conférant à un mot son aspect grammatical.

Onomasiologie : étude des variations de désignation par un ou plusieurs mots d'un même objet, concept, sens, etc.

Phonème : unité de son du langage parlé, considérée comme unité distinctive. Chaque langue possède son propre répertoire de phonèmes. Le français comprend 36 phonèmes (16 voyelles et 20 consonnes).

Phonétique : discipline de la linguistique qui étudie les sons de la parole, indépendamment de leur fonction.

Phonologie : étude des sons de la langue du point de vue de leur fonction dans le système linguistique.

Polynomique : langue admettant plusieurs standards fondés sur des normes propres à plusieurs dialectes de référence.

Psycholinguistique : discipline qui étudie les processus mentaux impliqués dans la perception, la production, l'acquisition, la mémorisation du langage parlé et écrit.

Pidgin : parler plus ou moins simplifié, issu d'une langue de grande diffusion, et employé à titre véhiculaire entre ethnies autochtones en situation coloniale.
C'est donc un parler second de populations qui gardent leurs langues maternelles; à distinguer, donc, des parlers créoles devenus langues premières de groupes de populations déracinées.

Plus Grande Communication, langue de (angl. LWC, Language of Wider Communication) : langue largement répandue hors de son aire et de sa population d'origine et adoptée en d'autres régions ainsi que par des Etats divers et pouvant jouer le rôle de langue véhiculaire internationale.

Sémantique : étude du langage du point de vue du sens.

Sémiologie (Saussure, 1910)**, séméiologie, sémiotique** : théorie du signe et du sens et de leur circulation dans la société.

Signifiant : manifestation matérielle du signe linguistique; suite de phonèmes ou de caractères écrits constituant le support du sens.

Signifié : contenu du signe linguistique lui conférant sens, valeur.

Sociolinguistique : étude de la variation des pratiques linguistiques à l'intérieur d'une société, tant quant à la correction, aux registres, à la compétence, à la fréquence ou la fonction des emplois, qu'aux situations de plurilinguisme.

Syllabe : unité phonétique fondamentale groupant, autour d'une voyelle, une ou deux consonnes (initiale et/ou terminale) prononcées d'une seule émission de voix.

Syntaxe : ensemble de règles grammaticales d'une langue qui détermine l'ordre des mots dans une phrase.

Tonème : élément vocalique d'élévation ou d'abaissement de la voix qui, dans certaines langues (dites tonales), caractérise précisément chaque phonème et permet de les distinguer et de changer le sens des mots les comprenant.

Véhiculaire, langue : langue servant de véhicule de communication entre plusieurs populations de langues différentes.

Vernaculaire, langue (du latin *verna*, esclave né dans la maison, domestique) : terme maintenant considéré comme péjoratif, naguère utilisé pour désigner toute langue native, autochtone, indigène.

BIBLIOGRAPHIE

- Baggioni, D., *Langues et nations en Europe*, « Bibliothèque scientifique », Payot, 1996.
- Bloom, P., *Language acquisition*, Harvester Wheatsheaf, New York, London, 1993.
- Boysson-Bardies, B., *Comment la parole vient aux enfants,* Editions Odile Jacob, Paris, 1996.
- Breton, R., *Géographie des langues,* 3e éd., PUF, coll. « Que sais-je ? », Paris, 1995.
Atlas of the Languages and Ethnic Communities of South Asia, Editions Sage, Delhi et Londres, 1997.
- Calvet, L.-J., *La Guerre des langues et les politiques linguistiques,* Payot, Paris, 1987.
L'Europe et les langues, Plon, Paris, 1993.
Histoire de l'écriture, Plon, Paris, 1996.
- Caron, J., *Précis de psycholinguistique*, PUF, Paris, 1989.
- Cavalli-Sforza, L. et F., *Qui sommes-nous ?* Albin Michel, Paris, 1994.
- Crystal, D., *Cambridge Encyclopedia of Language,* University of Cambridge, England, 1987.
- Fletcher P. et MacWhinney B., (éditeurs) *The handbook of child language*, Blackwell, B., Cambridge, Massachussetts, USA.
- Grimes, Barbara F. (éditeur), *Ethnologue, Languages of the world, 13th edit*, Dallas, Summer Institute of Linguistics, 2 vol. 1996.
- Gunnemark, E. V., *Countries, Peoples and their Languages : The Geolinguistic Handbook*, Geolingua, Gothenburg, 1992.

- Hagege, C., *L'Homme de paroles*, coll. « Le temps des sciences », Fayard, Paris, 1985. *Le souffle de la langue, Voies et destins des parlers d'Europe,* Editions Odile Jacob, Paris, 1992.
- Haut Conseil de la Francophonie, « Etat de la francophonie dans le monde », rapport annuel, Paris, Doc. Fsc.
- Jusczyk, P,. *The discovery of spoken language,* Cambridge, MIT Press, 1997.
- Kloss, H et McConnell G. D., *Composition linguistique des nations du monde,* 5 vol., Les Presses de l'Université, Laval, Québec, 1974-1984.
- *Les langues écrites du monde, Relevé du degré et des modes d'utilisation,* 10 vol., Les Presses de l'Université, Laval, Québec, 1978-1995.
- Laponce, J. A., *Langue et Territoire,* Université Laval, CIRB, Québec, 1984.
- Leclerc, J., *Langue et Societé*, 2e éd., Mondia Laval (Canada), 1992.
- Malherbe, M., *Les Langages de l'humanité,* Seghers, Paris, 1983.
- Martinet, A. (sous la direction de), *Le langage*, Encyclopédie de la Pléiade, Gallimard, Paris, 1968.
- Matthei, E., et Roeper, T., *Introduction à la psycholinguistique,* Dunod, Bordas, Paris, 1988.
- Meillet, A. et Cohen, M., *Les Langues du monde,* Slatski (2 vol.), Paris, 1981.
- Mehler, J. et Dupoux, E., *Naître humain,* Editions Odile Jacob, Paris, 1990.
- Mounin, G., *Clefs pour la linguistique,* Seghers, coll. « Clefs », Paris, 1968.
- Pinker, S., *The language instinct*, Morrow, W. and Co., New York, 1994.
- Ruhlen, Merrit, *L'Origine des langues. Sur les traces de la langue mère,* coll. « Débats », Belin, Paris, 1997.
- Truchot, C., *L'Anglais dans le monde contemporain,* Le Robert, Paris, 1990.
- Walter, H., *L'Aventure des langues en Occident. Leur orgine, leur histoire, leur géographie,* coll. « Poche », Robert Laffont, Paris, 1994.

TABLE DES ILLUSTRATIONS

COUVERTURE

1er plat *L'Usage de la parole*, René Magritte, 1928. Coll. part.
Dos Alphabet manuel des sourds-muets.
2e plat Plateau TF1, émission d'informations.

OUVERTURE

1 Ecole Roseneath, Johannesburg, Afrique du Sud.
2-3 Discussion politique à Jérusalem
4 Ecrivain public, Sanaa, Yemen Nord.
5 Essaouira, Maroc.
6-7 Retraités, rue Vinave d'Ile à Liège, Belgique, 1989.
9 La vente à la criée au Marché de poissons de Tokyo, Japon.

CHAPITRE PREMIER

10 Ménade, bas-relief, IIe siècle, détail, coll. Ludovisi.
11 Au Zoo anglais, 1984.
12 *Retour de la chasse à l'ours*, Fernand Cormon, 1882, Carcassonne, musée des Beaux-Arts.
13h Grotte de Cargas.
13b Personnages assis, Tassili, Algérie. Paris, musée de l'Homme.
14 Expérimentation du langage sur un singe.
15 *L'Enfant sauvage*, film de François Truffaut.
16h Activités cérébrales : voir, entendre.
16b Visualisation de l'aire de Broca.
17 Analyse graphique de la parole.
17b Activités cérébrales : parler, penser.
18h Leçon de musique à de jeunes sourds.
18b Alphabet manuel des sourds-muets, gravure anglaise, XIXe siècle.
19h Classe de sourds.

CHAPITRE II

20 Un père et son enfant.
21 Lettre de *Nouvel alphabet militaire*, 1883. Coll. part.
22-23 Perception du langage chez les nourrissons. Expérience de Peter Eimas, Brown University, Rhode Island, Etats-Unis.
23h Quatre bébés assis.
24g Méthode de lecture, 1886.
24d Noam Chomsky.
25h Abécédaire *Bébé saura bientôt lire*, vers 1870. Coll. part.
25b Abécédaire de la Phosphatine Falières, s.d. Coll. part.
26 Dessin de Thomas Wood, 6 ans. Coll. part.
27 Adam nomme les choses. Tapisserie flamande, Florence, Academia.
28 Etude de prononciation in

Essai sur le caractère réel et le langage philosophique, John Wilkins, 1668.
29 *Les Organes de la voix*, illustration de Gauthier Dagoty. Coll. part.
30g Feuille de laurier. Silex Volyco, paléolithique supérieur, Saône-et-Loire, Saint-Germain-en-Laye, musée des Antiquités nationales.
30-31 Reconstruction généalogique des populations humaines, de Cavalli-Sforza. Infographie Aubin Leray.
32 Presse étrangère aux Etats-Unis.
33 Typographies arabe, russe, japonaise, hindi. Coll. part.
34-35 Cours de langue à Counthill Grammar School à Oldham, Grande-Bretagne.
35h Méthode de langues du Docteur Paul Samsomovici, Bruxelles, 1916.

CHAPITRE III

36 *L'Usage de la parole*, René Magritte, 1928. Coll. part.
37 Coupe de l'Ilioupersis, vase grec, Paris, musée du Louvre.
38 *Metropolis*, film de Fritz Lang.
38b *La Grammaire*, bois gravé in *La Margaritha Philosophica*, début du XVIe siècle.
39 *Déjeuner des canotiers*, Auguste Renoir. Coll. Phillips, Washington.
40 Orane Demazis et Raimu, *La Femme du boulanger*, film de Marcel Pagnol.
41h Michel Galabru et Jean-Pierre Dars, *Le Bourgeois gentilhomme*, film de Roger Coggio.
41b Speaker de la BBC, 1953.
42 Boulangerie italienne à New York.
42-43 Quartier français à La Nouvelle-Orléans.
44 Ellis Island, New York.
44-45 Salon de beauté Thaïlandais à New York.
46-47 Dessins de Benoit Jacques.
48-49 Huit langues utilisées dans la Constitution de l'Inde. Coll. de l'auteur.
49 Rue Saint-Martin à Pondichery, photographie de Roland Breton.
50-51 Haïti, avril 1986.
50b Chanson créole des années 1930. Coll. Jonas.
51b *Le Dîner* in *Voyage pittoresque et historique au Brésil*, J. Debré, 1834.
52g Ecole primaire à Garoua, Cameroun.
52d Panneau publicitaire d'une école de dactylographie à Addis-Abeba, Ethiopie.
53 Ecole primaire, Sénégal, 1987.
54 Philippines, Cotabato, Centre islamique de Ibn Taimyak, près de Kadarat.
55h Ecole chinoise.
55b Ecole pakistanaise.
56 Rue des Veaux, en Belgique, 1991.
56-57 Panneaux de signalisation bilingues en Irlande, 1990.
57Affiche bilingue pour la ville de Bruxelles, 1935.

CHAPITRE IV

58 Préparation de l'assemblée générale à l'O.N.U., 1949.
59 Carte postale bretonne, fin XIXe siècle.
60 Carte des langues des monts Mandara, d'après Roland Breton. Infographie Patrick Mérienne.
60-61Vue d'un village montagnard, Haut Mandara, en Afrique noire.
62b L'église et le château d'Artannes, Indre-et-Loire, carte postale, début XXe siècle.
62h *Cours de linguistique générale*, Ferdinand de Saussure, Paris, 1916.
63 Editions basque, galloise et bretonne des volumes de la collection «Mes Premières Découvertes»,Gallimard.
64h Manuscrit ambrasique d'une nouvelle en vers de Wernher der Gartenaere, deuxième moitié du XIIIe siècle.
64b Carte postale alsacienne vers 1914.
65 Carte des dialectes de l'allemand actuel, d'après Roland Breton. Infographie Patrick Mérienne.

CHAPITRE V

66 Ecole du soir pour adultes, cours de tibétain par le *Resident's Committee* à Lhasa.
67 Campagne anti-française, Pays Basque, août 1988.
68h Samu mondial, logo.
68b La Croix Rouge à Mekele, Ethiopie.
69 Lecture du *Daily Times* au Nigeria.
70 Ecole de filles, Sud-Soudan, 1954.
71h Ecole dans une communauté paysanne d'indiens quechua, près de Cuzco, Pérou, 1974. Photographie Jérôme de Staël.
72 Editions polonaise, suédoise, chinoise, coréenne des volumes de la collection «Découvertes Galimard».
73 *Défense et illustration de la langue française*, page de titre, Joachim du Bellay, Paris, 1561. Versailles, Bibliothèque municipale.
73b Paris, vue intérieure de la Bibliothèque Nationale.
74-75h Ecriture hébraïque manuscrite.
74b Leçon d'écriture

par Mustapha Kemal, suite au décret promulguant la suppression des caractères arabes, Sivas, Turquie.
76h et b Page de passeport européen.
76-77 Billet finlandais, 1945.
78-79 Billets de banque de différents pays. Coll. part.

CHAPITRE VI

80 Tablette de la création du monde, écriture rongo-rongo, île de Pâques.
81 Affiches de la communauté chinoise à Paris, XIIIe arrondissement.
82h Table homérique, Rome, Ier siècle.
82b Page de titre et frontispice de l'*Historia naturalis ranarum*, August Johann Rösel von Rosenhof, Nuremberg, 1758.
82-83 Inscription bilingue étrusco-latine. Pesaro, musée Oliveriano.
84h Briques avec inscriptions cunéiformes dans un couloir du château de la mission archéologique française à Suze, Iran.
84b Manuscrit de l'Inde du Sud, XVIIIe siècle, extrait de Bhagavat Gita.
85 Papyrus égyptien d'Ankhaseniset, livre de l'Andovat *Voyage du dieu solaire dans les régions de l'au-delà*, musée du Louvre, n°3109.
86 Mur peint à Derry, Irlande.
87 Ferdinand Brunot, linguiste et les Archives de la Parole, en 1911.
88 Salle de classe dans la communauté paysanne des indiens quechua, Pérou, 1974. Photographie Jérôme de Staël.
89h Kurdes, Isikveren, Turquie.
89m Dents de morses gravées, Uelen, Extrême-Orient sibérien, détail.
90-91 La répartition des familles de langues dans le monde. Carte par Patrick Mérienne et Edigraphie.
92h Illustration et page de titre de *L'Aryen* de G. Vacher de Lapouge, Paris, 1899.
92 Portrait de Georges Dumézil.
93h Epître LVII de Clément Marot, extrait.
93 Jean Reno dans *Les Visiteurs* de Jean-Marie Poiré, 1992.
94 Graphe, France.
95h Mur de Berlin, 1989.
95m Graffitis, région de Pushkar, Inde.
96 Jérusalem Est, octobre 1993.

TÉMOIGNAGES ET DOCUMENTS

97 Dans un grand magasin de Tokyo
99 Graphique montrant les similitudes d'intonation dans différentes langues pour des vocalisations de communication entre des parents et leurs enfants d'un an.
100-101 Eliott Wood et son papa, Paris, 1987.
102 Les centres cérébraux du langage.
105 Pondichéry, la gare. Photographie Roland Breton.
109 Louis Meigret, *Reponse a la dezesperée replique…*, Paris, Wechel, 1551.
111 Page de titre de la gazette de Cologne du 22 février 1752.
113 Littré portant son dictionnaire, caricature anonyme vers 1870.
114 Bombay.
117 La photographie de la parole, in *L'Illustration*, 21 novembre 1891.
118 Les interprètes à l'ONU.
126 *Poto et Cabengo* film de Jean-Pierre Gorin, 1976.

INDEX

A

Académie *72*
Afrikaans 60, 87
Allemand d'Alsace-Moselle 61
Allemand 69
Amharique *52*
Arabe 69
Archives de la parole *87*
Aristide le père *50*
Aryens 89, *92*
ASL (American Sign Language) 17
Atatürk, Mustapha Kémal 74, *75*

B

Babel *38*, 59
Barbares 42
Bari (ethnie) *70*
Bas-allemand *65*
Basque 57, 62, 87, *91*
Bellugi 17
Bengali 49
Berbère *71*, 88
Bibliothèque Nationale *72*
Biélorusse 87
Bilingue 34, 35, 46, 53, 56, *57*
Breton 57, 61, 62, 86
Brunot, Ferdinand *(Histoire de la langue française) 87*

C

Calvet Louis-Jean 71
Cassandre *37*
Catalan 57, 87
Cavalli-Sforza *31*, *91*
Cercle de Prague 93
Chanson de Roland, La 94
Chinois 69, 82
Chomsky, Noam 16, *24*
Corse 61, 62
Cours de linguistique générale (Ferdinand de Saussure) 63
Créole *51*, 87
Créoles 50, 86, 95

D

Danois *89*
Défense et illustration de la langue française (Joachim du Bellay) *72*
*Déjeuner des canotiers (*Renoir) *39*
Demotiki, le 48
Dialecte 60, 61, 62, 64, 65, *65*
Dialectisation 60
Diglossie 47, 48, 50, 51,120
Discours de la méthode (Descartes) *72*
Dumézil, Georges *92*
Duvalier *50*

E

Egyptien 82
Eimas, Peter 22, *23*
« Enfants sauvages » *15*
Epée, abbé de l'*18*
Espagnol 69
Essai sur le caractère réel et la langage philosophique (John Wilkinx) *28*

F

Fabliaux 94
Féroien 87
Finnois *77*
« Français de Louisiane » *43*
Frison 57, 62
Fulfulde *61*

G

Gaélique *86* 57
Gallois 57, 87
Gardner15
Gobineau *92*
Gothique 89
Graffitis *94*
Grec 82, 89
Greenberg *31*
Guarani 87
Guèze *52*

H

Haoussa *69*
Hauser Kaspar *15*
Haut-allemand 42, *65*
Hébreu 74, *75*, 82
Hindi 74
Histoire naturelle des grenouilles L' (Johann Rösel von Rosenhof) *83*
*Histoire naturelle de la parole (*Cours de Gebelin) *29*

I

Ibo *69*
Iliade L' (Homère) *83*
Indo-européen 88, 89, 92, *92*
Indonésien-malais 50, 69, 70, 74, 87
Inuktitut *89*
Iranien 82
Irlandais 57, *57,* 83, *83*
Isoglosse 65
Itard, docteur Jean *15*

J

Jakobson, Roman *25*
Javanais 50
Jeanne d'Arc 94
Jones, Daniel *(Dictionnaire de prononciation anglaise) 41*

K

Katharevoussa 49
Kerouac, Jack 45
Klima 17
Kurde *71,* 88, *88*

L

Langage gestuel 14, 15, 18, *18, 19*
Langues mortes 82, 83, *85*
Lapon 57
Latin 52, 82, 89
Le Bourgeois Gentilhomme (Molière) *41*
Les Visiteurs (film de J.-M. Poiré, 1993) *93*
Linguicide 72
Livre de la genèse 27
Louis XIII *72*
Louis XI 94
Luther 42
Lyautey, maréchal 67

M

Macédonien 87
Malgache 87
Malherbe *72*
Mannois 57
Marler, Peter 24
Metropolis (film de Fritz Lang) *38*

N - O

Néerlandais *57,* 60, *65,* 69
Occitan 57, 61

P

Persan 89
Pidgins 50, 95
Polyglotte 35, 45, 46
Portugais 69
Premack, David *14*
Provençal *40*

Q - R

Québécois 60
Quechua *71*, 87, *88*
Raimu *40*
Retour de la chasse à l'ours (Fernand Cormon) *12*
Romanche 62, 75, 87
Rongorongo *81*
Ruhlen, Merritt (*L'Origine des langues*) *12*, *91*
Russe 69

S

Sabir 50
Sanskrit 82, *85*, 89
Saussure, Ferdinand de 62, *62*, 63
Serbo-croate 77
Singe 14, *14,* 15, 16
Slavon 89
Slovaque 87
Slovène 62
Sommet de Rio (1992) 95
Sorabe 57
Suédois 76, *77*
Swahili 50, 69, 70, 87

T

« Tag » *94*
Tamoul 49, *49*, 82
The Expressionist Bestiary (Le Bestiaire expressionniste) (Benoit Jacques) *47*
Tibétain *67*, 77
Tigrigna *52*
Toscan 61
Tractus vocal 29, 30
Truffaut, François *15*
Turc 69, 74

U - V

Ukrainien 87
Vacher de Lapouge *92*
Usage de la parole L' (René Magritte) *37*
Villon, Jacques 94

W - Y

Wandala *61*
Wernher der Gartenaere (manuscrit de) *64*
Wurm 46
Yehouda Eliezer ben *75*
Yiddish *75*
Yoruba *69*

Poto et Cabengo (de leurs vrais noms Grâce et Ginny Kennedy) se sont inventé, à l'âge de six ans, une langue à elles. Construite à partir d'homophonies, elles communiquaient entre elles exclusivement en cette langue, incompréhensible pour d'autres.

CRÉDITS PHOTOGRAPHIQUES

ADAGP/Photothèque René Magritte-Giraudon 1er plat, 36. AKG 41b, 64h. ArB 57. Archive Photos France 11, 18h, 44, 50-51, 55h. Archives Gallimard 56. Archives Gallimard/L'Illustration 117. Benoit Jacques Books 46-47. Bibliothèque de Tours 62b. Bibliothèque du Musée national d'Histoire naturelle, Paris 82b. Bibliothèque Nationale de France 82h, 51b, 87. Bojan Brecelj/Saola 74-75h. Christian Boveda/Vu 94. Roland Breton 49, 103. Breton/Aubin Leray 60, 65. Breton/Maurette 60-61. Cat's Coll. 15, 38, 40, 41h, 93. Jean-Loup Charmet dos, 18b, 24g, 25h, 28, 29, 35h, 38b, 62h, 92h, 113. Coll. part 21, 25b, 26, 33. Cosmos 16h, Cosmos/Enrico Ferorelli 14, Cosmos/Michael Lange/Visum 19h. DITE/B. Andre 42. DITE/DAS 44-45. DITE/USIS 32. DR 76h et 76b, 93h, 100-101, 126. Peter Eimas 22-23. Gallimard Jeunesse 63, 72. Gca/CNRI 16b. Giraudon 39. Harvester Wheatsheaf 99. Gallimard/Jacques Sassier 92. M. Jodice, Naples 10. Keystone 34-35 Keystone/L'Illustration/Sygma 74b. Kharbine-Tapabor 50b, 59, 64b, 76-77. Magnum 95m. Magnum/Abbas 54. Magnum/Bruno Barbey 69, 89h, 114, 95h. Magnum/Ian Berry 1. Magnum/Fred Mayer 89m. Magnum/Eli Reed 86. Magnum/George Rodger 70. Massachussetts Institute of Technology 24d. Patrick Mérienne 60, 65, 90-91 Martine Mouchy/Photogramme-Stone Images 20. Roland et Sabrina Michaud 84b. Musée de l'Homme 13b. Musée des Beaux-Arts de Carcassonne 12. Pix/R. Chapple 23h. Pour la science, 102. Rapho/Bajande 52g. Rapho/Rémi Berli 68b. Rapho/Brian Brake 97. Rapho/Cogan 68h. Rapho/Le Diascorn 5, 73b. Rapho/Fouad Elkoury 96. Rapho/Lily Franey 53. Rapho/Carlos Freire 9. Rapho/Georg Gerster 56-57. Rapho/J. Grison/Boivaux 17. Rapho/Languepin 13h. Rapho/Christian Monty 4, 52d. Rapho/C. Rausch 2-3. Rapho/Marian Schmidt 6/7. Rapho/G. Uféras 2e plat. Rapho/Michael S. Yamachita 42-43. Réunion des Musées Nationaux 30g. Réunion des Musées Nationaux/H. Lewandowski 37, 85. Roger-Viollet 84h, 109, 111. Scala 27, 82-83. Scientific American 30/31. Sygma 80, 81. Sygma/John Van Hasselt 55b, Sygma/J. Pavolvsky 67. United Nations 58, 118. Jean Vigne 73.

REMERCIEMENTS

Les auteurs remercient l'Observatoire Linguistique et le Centre International de Recherche en Aménagement Linguistique (Québec).

ÉDITION ET FABRICATION

DÉCOUVERTES GALLIMARD
COLLECTION CONÇUE PAR Pierre Marchand.
DIRECTION Élisabeth de Farcy.
COORDINATION ÉDITORIALE Anne Lemaire. GRAPHISME Alain Gouessant.
COORDINATION ICONOGRAPHIQUE Isabelle de Latour. SUIVI DE PRODUCTION Fabienne Brifault.
SUIVI DE PARTENARIAT Madeleine Giai-Levra.
RESPONSABLE COMMUNICATION ET PRESSE Valérie Tolstoï. PRESSE Flora Joly.

DU LANGAGE AUX LANGUES
ÉDITION Julie Wood.
ICONOGRAPHIE Caterina D'Agostino et Marie Borel.
MAQUETTE Virginie Fouin (Corpus), Jacques Le Scanff (Témoignages et Documents).
LECTURE-CORRECTION Catherine Lévine et Pierre Granet. PHOTOGRAVURE Arc-en-ciel.

Table des matières

I LA SPÉCIFICITÉ DU LANGAGE HUMAIN
12 Parlait-il ?
14 La différence entre homme et singe
16 Dans l'hémisphère gauche du cerveau
18 Parler avec les mains

II L'ACQUISITION DU LANGAGE
22 «Comment le langage vient aux enfants»
24 B, A, BA
26 Le premier mot
28 Tractus vocal spécifique
30 Gènes, populations, langues
32 Nombre infini de mots, nombre fini de règles
34 Des bilingues «parfaits»

III LA LANGUE, LIEN FONDAMENTAL D'UNE SOCIÉTÉ
38 Les plaisirs de la conversation
40 Avec l'accent
42 Baragouiner ou pas
44 Une autre langue
46 Donner sa langue au chat
48 Vous avez dit francophone ?
50 Dire comme le maître
52 L'Afrique francophone
54 L'enfant, l'école et les langues
56 Etre bilingue

IV POURQUOI DES MILLIERS DE LANGUES
60 Morcellement linguistique
62 Deux forces antagonistes
64 Dialectes ou langues

V LA GÉOPOLITIQUE DES LANGUES
68 Hiérachie des langues
70 Langues minorisées
72 Le soutien nécessaire d'une politique réfléchie
74 Modernisation
76 Le multilinguisme, un équilibre difficile
78 La monnaie, emblème national

VI VIE ET MORT DES LANGUES
82 Des langues millénaires
84 Langues mortes
86 Afrikaans, indonésien-malais, catalan…
88 Parentés linguistiques
90 Répartition des familles de langues dans le monde
92 Contacts, influences et contaminations
94 De l'avenir des langues

TÉMOIGNAGES ET DOCUMENTS
98 Les premiers dialogues parents-enfants
102 Pathologie du langage
104 L'évolution du français
110 L'anglais dans le monde
112 L'Inde, lieu exemplaire de politique linguistique
116 La reconnaissance automatique de la parole
118 La traduction jadis et maintenant
120 Annexes